CÉSAR

IL ÉTAIT UNE FOIS MARCEL PAGNOL.
Sa vie et son œuvre.
192 pages. 275 photos. Par Raymond Castans.

Les films de Marcel Pagnol sont disponibles en vidéocassettes éditées par la Compagnie Méditerranéenne de Films.

MARCEL PAGNOL
de l'Académie française

CÉSAR

Editions de Fallois

Photographie de la couverture :
Affiche de Toé pour *César*.
Au dos de la couverture :
César : Raimu
Césariot : André Fouché
dans le film de Marcel Pagnol, *César*.

© Marcel Pagnol, 1988.

ISBN : 2 - 87706 - 058 - 6
ISSN : 0989 - 3512

ÉDITIONS DE FALLOIS, 22, rue La Boétie, 75008 Paris.

CÉSAR

Film réalisé en 1936

PERSONNAGES

CÉSAR	*Raimu*
MARIUS	*Pierre Fresnay*
FANNY	*Orane Demazis*
PANISSE	*Charpin*
TANTE CLAUDINE	*Milly Mathis*
LE CHAUFFEUR	*Maupi*
ESCARTEFIGUE	*Paul Dullac*
HONORINE	*Alida Rouffe*
M. BRUN	*Vattier*
FERNAND	*Doumel*
LE DOCTEUR	*Delmont*
LE CURÉ	*Thommeray*
CÉSARIOT	*André Fouché*

Musique de Vincent Scotto.

C'est au milieu de l'été, sur le quai du Vieux-Port à Marseille. César, seul, marche d'un pas pressé. Il a vieilli, car vingt ans ont passé depuis le mariage de Panisse. Sa moustache est blanche, son visage ridé. Il s'arrête devant l'église Saint-Laurent, et regarde un instant le porche, puis il contourne le monument, et entre par la petite porte de la sacristie.

DANS LA SACRISTIE

C'est une vaste pièce, sous une très haute voûte. Elle est entourée de très grandes armoires en vieux chêne ciré. Dans une haute cathèdre, un gros bedeau sommeille. César entre, sa casquette à la main. Le bedeau ouvre les yeux.

CÉSAR

Bonjour. Est-ce que je pourrais voir M. l'abbé Bonnegrâce?

LE BEDEAU

Dans un instant, Monsieur, il finit le prêche provençal. Asseyez-vous.

CÉSAR

Bon.

Il s'assoit, sa casquette à la main, qui pend entre ses jambes. On entend tout à coup les orgues. Enfin, une petite porte s'ouvre et le curé entre. Il est revêtu des ornements sacerdotaux. Il est vieux, il a des cheveux blancs tout frisés. Il voit César. Il sourit, mais il est étonné.

LE CURÉ

César! Qu'est-ce que tu fais là, mécréant?

CÉSAR *(gêné, à voix basse)*

Je viens te voir, Elzéar.

LE CURÉ

Et tu n'aurais pas pu venir à la messe par la même occasion? Tu as peur de passer pour un esprit faible?

CÉSAR

Non, Elzéar, ce n'est pas ça. Ce n'est pas ça du tout. Je ne suis pas entré parce que j'arrive à peine... et j'arrive à peine parce que Panisse est mourant.

LE CURÉ *(ému)*

Honoré?

CÉSAR

Oui, notre pauvre Honoré. Hier au soir, on faisait une grande partie de boules au Pharo, contre l'équipe de Bandol, et Honoré jouait comme un dieu; et tout d'un coup, il tire, il manque, il devient tout pâle, et il me tombe dans les bras... Félicien a dit que c'est une crise du cœur... S'il en a une autre, il y passe.

LE CURÉ

C'est lui qui t'a dit de venir me chercher?

CÉSAR

Non. C'est Fanny. Elle est allée à la gare pour attendre son fils, qui arrive de Paris. A l'Ecole Polytechnique, ils lui ont donné trois jours de congé.

LE CURÉ

Est-ce qu'il se rend compte de son état?

CÉSAR

Oh oui... Ce matin, il a demandé à nous voir, pour nous faire ses adieux... C'est ce qu'il a dit à Norine... Alors j'y suis allé, avec Escartefigue et Monsieur Brun... Et puis, il dormait – enfin, il avait l'air de dormir – mais il est peut-être déjà sur le départ.

Une grosse larme roule sur sa joue.

LE CURÉ

J'y vais. *(Au bedeau)* Gustave, fais préparer un enfant de chœur.

CÉSAR

Seulement, écoute, il ne faudrait pas que tu le lui dises.

LE CURÉ

Ça me paraît difficile de le confesser, sans le lui dire?

Je veux dire : il ne faut pas qu'il sache que tu es venu exprès.

Si je lui apporte la communion et les saintes huiles, il verra bien mon costume et les instruments du culte.

Justement... C'est ça qui risque de l'effrayer... Félicien a dit qu'une petite émotion peut nous le tuer... Alors tu pourrais laisser le costume en bas, dans la salle à manger, avec l'enfant de chœur... Et tu feras celui qui passait par hasard... qui a eu l'idée de lui dire bonjour. Et petit à petit, tu comprends, tu le préparerais... Ça se ferait moins brusquement, il me semble que ça serait mieux. Je sais bien, Elzéar : c'est un mensonge que je te demande. Mais je t'assure que ça serait mieux...

LE QUAI
DE LA GARE SAINT-CHARLES

Il y a beaucoup de gens qui vont et viennent, le petit train électrique des bagages sonne de toutes ses forces, Fanny se promène, elle attend... Elle n'est plus très jeune, mais elle est encore belle.

LE QUAI DU PORT

César passe le long du quai. Il revient chez Panisse.
Il y a de petits cireurs qui jouent à la marelle sur les
trottoirs. César, sans les voir, passe au milieu d'eux.
Et il arrive devant le magasin de Panisse, sur lequel,
en grandes lettres dorées, il y a :

HONORÉ PANISSE ET FILS

Nous allons l'attendre dans la chambre du malade.

LA CHAMBRE DE PANISSE

C'est une grande chambre provençale, tapissée de
cretonne jaune à petites fleurs. Dans un grand lit,
Panisse est couché. Il ne bouge pas. Autour du lit,
Escartefigue, le chauffeur, Honorine. Tous pleurent.
César entre, rapidement, sur la pointe des pieds. Il va
vers Honorine qui est lugubre, et il lui parle à voix
basse. gloomy

CÉSAR

Elzéar arrive. Et lui?

HONORINE

Il ne se réveille pas... Le docteur a dit qu'il faut le laisser reposer. Il est allé chercher un remède...

CÉSAR

Et qu'est-ce qu'il en pense?

HONORINE

Il en pense qu'il peut nous claquer dans les mains sans dire « ouf ».

CÉSAR *(qui a les larmes aux yeux)*

Même s'il disait ouf ça n'arrangerait rien.

Entre Monsieur Brun sur la pointe des pieds.

M. BRUN *(il chuchote)*

Alors?

HONORINE

Toujours pareil. Il sommeille.

M. BRUN

C'est peut-être bon signe...

Escartefigue se mouche. A ce moment, Panisse parle d'une voix de rêve. On ne comprend pas ce qu'il dit, sauf le dernier mot, qui est « fini. ».

M. BRUN

Il a parlé!

CÉSAR

J'ai entendu « fini ». *(Il s'approche du lit.)* Mais non, Honoré. Tu vas beaucoup mieux, puisque tu parles!

M. BRUN

Qu'est-ce que vous avez dit?

PANISSE *(plus fort)*

La partie de boules, est-ce que vous l'avez finie?

CÉSAR

Mais non, voyons! On s'est occupé de toi tout de suite! Nous sommes restés 13 à 9.

M. BRUN

Si c'est là votre principal souci, tout va bien!

PANISSE

Ça, ce n'est pas sûr, Monsieur Brun... *(Il regarde Escartefigue qui s'essuie les yeux.)* Félix, ça ne se fait pas de pleurer dans la chambre d'un agonisant!

CÉSAR

Et où vois-tu un agonisant? Tu as une figure de prospérité!

PANISSE

C'est bien possible. Parce que c'est une maladie imbécile, qui tue les gens en bonne santé, et ça fait des morts ridicules... Mais c'est vrai que je respire très bien... Honorine, mettez-moi un coussin dans le dos.

HONORINE

Non, Honoré. Ça, ce n'est pas permis.

PANISSE

Mais oui, c'est permis puisque je vous le permets.

HONORINE

Vous croyez, Monsieur Brun que...

M. BRUN

Ma foi, cela dépend de ce qu'a dit le docteur.

HONORINE

Il a dit qu'il ne faut pas qu'il bouge.

HONORÉ

Il a dit aussi : quand la crise sera passée, tu seras comme avant. Eh bien la crise est passée.

CÉSAR

Mais il faut prendre beaucoup de précautions pour éviter la prochaine.

HONORÉ

Ne t'inquiète pas : j'en prendrai. Mais pour le moment, il me vient une idée intéressante. Honorine, ouvrez ce placard et sur la plus haute étagère, prenez une bouteille de mon vin blanc de Cassis – et il y a les verres à côté.

CÉSAR *(effrayé)*

Honoré, tu ne vas pas boire un verre de vin blanc?

HONORÉ

C'est pour vous que je le réclame. C'est pour consoler Félix, et toi, et M. Brun. Et ça sera bien naturel que je trinque un peu avec vous!

M. BRUN

Honoré, je vous assure que le docteur...

HONORÉ

Le docteur a dit beaucoup de choses, et je vais vous répéter la plus importante. Surtout, pas de CONTRARIÉTÉ. Ça peut être mortel. Oui, parfaitement. Et il a même dit : « Je te défends de penser à la traite protestée de Galimberti. *(Il s'excite.)* Oui, car ce salaud a refusé de payer une traite de 65 000 francs, que j'avais acceptée en toute confiance – et qui me compromet mon échéance du 15! Qui aurait cru ça de lui?

CÉSAR

Honoré, calme-toi! Je crois que tu es sauvé, mais calme-toi!

PANISSE

Il n'y a qu'une chose qui peut me calmer : c'est un verre de vin blanc!

On va vous le donner. Calmez-vous!

DANS LA RUE

On voit passer le curé dans ses habits sacerdotaux. Il est accompagné de l'enfant de chœur, qui sonne sa clochette. Sur une porte, sont assis deux fainéants, qui se lèvent pour saluer respectueusement.

DANS LA CHAMBRE

Panisse, soutenu par des coussins, trinque avec ses amis.

CÉSAR

A ta santé, mon cher Honoré.

PANISSE

C'est bien le cas de le dire!

occasion

La porte s'ouvre. Le prêtre entre et paraît très étonné.

CÉSAR *(joue la surprise)*

Vé! Elzéar!

ESCARTEFIGUE

Tiens? Comment vas-tu Elzéar?

ELZÉAR

Eh bien comme tu vois : le bon Dieu me conserve!

PANISSE

C'est Fanny qui est allée te chercher?

ELZÉAR

Oh pas du tout! Je ne l'ai pas vue depuis au moins trois semaines. Oui, elle a manqué deux fois la messe!

PANISSE

Et alors, pourquoi es-tu venu?

ELZÉAR

Parce que j'ai entendu dire qu'hier, en jouant aux boules, tu avais eu un malaise un peu inquiétant... Et alors, comme je passais devant ta maison, il m'est venu l'idée de monter prendre de tes nouvelles.

CÉSAR

Il n'y a rien de plus naturel.

ELZÉAR

Je suis heureux de constater que si tu es malade,
ça ne se voit guère.

PANISSE

Eh oui. Je suis malade et ça ne se voit guère. Mais
toi tu es menteur, et ça se voit beaucoup!

CÉSAR

Honoré, tu oses dire ça à un prêtre!

PANISSE

Je sais bien que c'est par amitié qu'il ment. En
réalité, Fanny est allée te chercher. Dis la vérité,
Elzéar.

ELZÉAR

Je n'ai pas vu Fanny depuis plus de quinze jours,
car elle a manqué deux messes.

PANISSE

Tant mieux. Parce que si ce n'est pas elle, c'est
César, et Fanny je sais où elle est. Enfin, ne discu-
tons pas là-dessus. J'ai pensé à toi cette nuit, Elzéar.
Surtout hier au soir; et si j'avais pu parler, j'aurais
dit à Honorine d'aller t'appeler, parce que j'ai bien
cru que c'était fini!

ELZÉAR

Eh bien, puisque je suis venu, profitons-en, *(aux
autres)*. Sortez je vous prie.

Attends, Elzéar. Est-ce que c'est obligatoire que je reste seul avec toi?

ELZÉAR

C'est l'usage, mon cher Honoré. Il est vrai que les premiers chrétiens se confessaient devant toute la communauté : mais c'étaient des saints!

CÉSAR *(près de la porte)*

Oui, ils n'avaient pas grand'chose à dire.

PANISSE *(avec une grande simplicité)*

Eh bien moi, je ne suis pas un saint, mais je voudrais que vous restiez là. *(Il se tourne vers Elzéar.)* Parce que je vais te dire, Elzéar : Quand on fait sortir tout le monde, je trouve que ça n'a pas bon air. Ceux qui sortent, à peine ils sont dans l'escalier, ils commencent à dire : « Qu'est-ce qu'il doit lui raconter, là-haut! Qu'est-ce qu'il a dû en faire dans sa vie, des cochonneries, des voleries, des mensonges! » Et on s'imagine des choses terribles!... Eh bien moi, je n'ai rien de terrible à te dire. Je n'ai pas fait que de bonnes actions, loin de là! Mais enfin, le mal que j'ai fait, ça m'ennuie plus de l'avoir fait que de le raconter devant tout le monde. Sauf peut-être devant Norine. Parce que je n'ai pas fait des crimes, mais il faudra peut-être que je dise des choses qu'on ne dit pas devant les dames, quoique ça soit avec elles qu'on les fait.

HONORINE *(pudique)*

Oui, moi j'aime mieux ne pas rester, à cause du 9e commandement!

Elle sort, elle ferme la porte. Un temps.

PANISSE

Allons, Elzéar, pose-moi des questions.

ELZÉAR *(solennel)*

Honoré, toute confession est grave. C'est pourquoi il convient de donner à cette cérémonie amicale un caractère de solennité. *(Un temps)* Honoré, répète après moi cette phrase : « Bénissez-moi, mon père, parce que j'ai péché. »

PANISSE

Bénissez-moi, mon père, parce que j'ai péché.

ELZÉAR

Que le Seigneur soit dans ton cœur et sur tes lèvres, afin que tu fasses une sincère et entière confession de tous tes péchés. Au nom du Père, du Fils et du Saint-Esprit. Ainsi soit-il.

Au fond de la chambre. César, Escartefigue, le chauffeur et M. Brun se signent en même temps que le prêtre.

DANS UN WAGON DE PREMIÈRE

Un jeune polytechnicien en uniforme regarde défiler les cyprès, le long de la Crau. Il est seul, il est grave et muet. Dans le filet des bagages, il y a sa valise, son bicorne et son épée. C'est le petit Césariot, qui vient au chevet de son père.

Sur le quai de la gare, sa mère l'attend toujours. Et dans la chambre de Panisse, la confession continue.

ELZÉAR

En somme, tu n'as pas vécu comme un bon chrétien, Honoré. Tu n'as pas observé les commandements de notre Sainte Mère l'Eglise. Tu as négligé tes devoirs envers toi-même et envers Dieu... J'espère qu'Il te pardonnera. Et maintenant, as-tu fait le mal dans ta vie?

HONORÉ

Oh, certainement Elzéar. On ne peut pas vivre sans faire le mal, même sans le faire exprès. Tu n'en as jamais fait, toi, du mal?

ELZÉAR *(humble)*

Sans doute, sans doute... Je ne suis qu'un homme... Mais enfin, ce n'est pas moi qui me confesse, c'est toi. Toi, quel mal as-tu fait?

HONORÉ

Je ne sais pas. Je veux dire, je ne sais pas ce que, toi, tu appelles du mal.

ELZÉAR

Ce n'est pas moi qui décide, Honoré. Ce sont les commandements de Dieu. César, approche-toi, et lis-nous les commandements de Dieu, l'un après l'autre. Ça sera l'occasion de te les rappeler.

César, confus, prend ses lunettes, et il va lire à haute voix, avec respect, les commandements.

CÉSAR

Un seul Dieu tu adoreras.
Et aimeras parfaitement.

HONORÉ

Ça, ça va. D'accord. Je n'ai jamais adoré plusieurs dieux, Elzéar. Parole d'honneur.

CÉSAR

Le nom de Dieu ne jureras
Ni sans raison, ni faussement.

HONORÉ

Ayayaïe. Celui-là est mauvais pour moi. J'ai dit beaucoup de jurons, je te jure...

ELZÉAR

Encore?

Excuse-moi. Je t'affirme qu'au moment où je prononçais des jurons terribles, je ne pensais pas du tout au Bon Dieu. Ça voulait dire simplement que j'étais en colère. Mais tu penses bien que le Bon Dieu, fort comme il est, je n'avais pas du tout l'intention de le provoquer!

ELZÉAR

Bien. Continuons.

CÉSAR

Les dimanches sanctifieras
En servant Dieu dévotement.

Et la confession continue. Cependant, au rez-de-chaussée dans la cuisine de Panisse, Honorine et la tante Claudine sont assises devant la table. En face d'elles, il y a l'enfant de chœur, qui mange des confitures. Sur le bahut, sous un léger voile de mousseline blanche, le bon Elzéar a laissé le ciboire et les instruments du culte. Sur un fauteuil, les ornements sacerdotaux qu'il va reprendre tout à l'heure. La tante Claudine n'est plus très jeune, mais elle est toujours fraîche comme une pomme. Elle regarde l'enfant de chœur, qui mange de grand appétit.

CLAUDINE

Toi, ça ne te coupe pas l'appétit, ces choses-là.

L'ENFANT DE CHŒUR *(la bouche pleine)*
Quelles choses?

CLAUDINE *(à voix basse)*

Qu'il y ait un homme en train de mourir.

L'ENFANT DE CHŒUR

Je le connais pas. Et puis, il meurt pas : il part pour la vie éternelle. Alors vous pensez...

Il reprend de la confiture.

HONORINE *(très inquiète)*

Ça va nous faire un brave tintouin!... Tous ces gens habillés de noir. Et puis ça va en poser, des questions! Ma petite Fanny, qu'est-ce qu'elle va devenir? Dis, qu'est-ce qu'elle va devenir?

CLAUDINE *(raisonnable)*

Elle va peut-être devenir veuve, comme toi et moi.

HONORINE

Elle n'a que trente-huit ans.

Un temps assez long. Puis Claudine dit doucement :

CLAUDINE

Et Marius, le fils de César, tu sais où il est?

HONORINE *(fronce les sourcils)*

Pourquoi tu me parles de cet individu?

CLAUDINE *(innocente)*

Je ne sais pas, moi... Au hasard...

HONORINE

Ne mens pas : tu penses à quelque chose, toi. Eh bien ça, jamais. *(A voix basse)* La dernière fois qu'il est venu à Marseille, il y a au moins douze ans, son père l'a mis à la porte pour toujours; et pourtant, son père l'adorait!... *(A voix très basse)* On dit qu'il a fait de la prison...

CLAUDINE

Mon Dieu, quel malheur! De la prison!

L'ENFANT DE CHŒUR *(très naturel)*

Oh, pourquoi? Moi, mon père va souvent en prison parce qu'il est pêcheur à la dynamite. C'est tout ce qu'il sait faire, peuchère, et les gendarmes veulent pas qu'il le fasse, et on veut pas lui donner le chômage! Alors, quand on l'attrape, on le met en prison. Ça le fait même pas maigrir.

DANS LA CHAMBRE

César est toujours debout au pied du lit.

CÉSAR

Faux témoignage ne diras.
Ni mentiras aucunement.

ESCARTEFIGUE *(à voix basse)*

En voilà encore un qui est dur!

HONORÉ

Mon père, je m'accuse d'avoir commis le péché de mensonge.

ELZÉAR

Souvent?

HONORÉ *(dans un grand élan de sincérité)*

Continuellement. Enfin, je veux dire plusieurs fois par jour. En jouant aux boules par exemple. Ou en revenant de la pêche ou de la chasse. Et surtout, surtout, avec la clientèle... Tu comprends, Elzéar, s'il faut toujours dire la vérité à la clientèle, il n'y a plus de commerce possible...

CÉSAR

Oui, tu n'aurais pas pu vendre ce fameux bateau à M. Brun!

ELZÉAR

Raconte-moi donc cette histoire.

M. Brun se lève et très gentiment il dit :

M. BRUN

Ce n'est pas la peine, Monsieur le Curé... La victime ne porte pas plainte... Ce n'était pas un vrai mensonge, ce n'était qu'une galéjade.

HONORÉ
Merci, Monsieur Brun.

CÉSAR
C'est égal! S'il s'était noyé, pour ta confession, ça t'aurait fait un brave plat de résistance!

SUR LE QUAI DE LA GARE

Voici l'arrivée du rapide, qui entre lentement.
Fanny cherche, elle va de wagon en wagon. Soudain elle aperçoit son fils. Elle s'avance vers lui. Il la prend dans ses bras, il l'embrasse.

CÉSARIOT
Bonjour, Maman. Et Papa?

FANNY
Toujours pareil. Quand je suis partie, il dormait. Un sommeil lourd. Le docteur est très pessimiste...

CÉSARIOT
Il t'a dit qu'il était perdu?

FANNY
Non, mais il est en danger. Oui. Le docteur a dit que s'il a une autre crise, ce sera la dernière. Lorsque

je t'ai téléphoné, on croyait qu'il ne passerait pas la nuit...

Le garçon, très ému, prend le bras de sa mère. Ils s'éloignent dans la foule.

DANS LA CHAMBRE

CÉSAR

L'œuvre de chair ne désireras
Qu'en mariage seulement.

HONORÉ

Aqui, sian arriba au plus mâri...

ELZÉAR

Es un grand peca; es bessaï lou plus grand...

CÉSAR

De segu, es aqueou que si fa lou plus souvent.

ELZÉAR

Allons, parle, Honoré. Débarrasse ta conscience.

PANISSE

Ça me gêne de te dire ces choses-là à toi.

ELZÉAR

Dans ma paroisse, Honoré, il y a beaucoup de pauvres filles... J'en ai certainement entendu de plus graves que les tiennes. Allons, parle.

HONORÉ

Eh bien oui. Je l'ai fait, ce péché. Et ce qui est plus terrible, c'est que je l'ai fait avec plaisir.

CÉSAR

Pardi! Si les péchés faisaient souffrir quand on les fait, nous serions tous des saints.

ELZÉAR

Combien de fois as-tu péché?

HONORÉ

Souvent, et de toutes mes forces.

ESCARTEFIGUE *(admiratif)*

Hé! Hé!

HONORÉ

Quand j'étais jeune, tu comprends... Avant mon premier mariage, j'avais une petite amie que, vraiment...

ELZÉAR

Tu t'en es confessé déjà, du moins je l'espère, quand tu t'es marié.

HONORÉ

Oui, c'est vrai. Alors ça, je n'ai pas besoin de te le raconter.

ESCARTEFIGUE *(gourmand)*

Tu pourrais quand même nous le raconter à nous, Honoré... C'est intéressant...

ELZÉAR *(durement)*

Félix, je te rappelle à la plus élémentaire pudeur.

Escartefigue baisse les yeux.

HONORÉ

Ensuite, pendant mon premier mariage, ça m'est encore arrivé. Ça je te l'ai raconté quand je me suis confessé avant mon second mariage.

ELZÉAR

Mais depuis cette dernière confession?

HONORÉ

Eh bien, depuis que j'ai épousé Fanny. *(Il hésite, puis, consterné :)* Ça m'est encore arrivé.

CÉSAR *(stupéfait)*

Tu as trompé Fanny?

HONORÉ

Eh oui... Fanny a toujours eu pour moi beaucoup d'affection... Mais de la passion, pas énormément... Et ça se comprend... Alors, moi avec elle, j'ai été plutôt discret. Tu me comprends? Alors, le Diable m'a tenté...

ELZÉAR

Quelle forme avait-il pris?

HONORÉ

Il avait pris la forme d'une de mes ouvrières.

ESCARTEFIGUE *(curieux)*

Laquelle?

HONORÉ

La petite rousse.

ESCARTEFIGUE

Je m'en étais toujours douté!

ELZÉAR *(à Honoré)*

Je te rappelle que ta confession ne doit mettre en cause que toi-même; c'est une règle absolue. *(Puis, brusquement, il se tourne vers Escartefigue.)* Pour toi, Félix, je te prie de sortir.

ESCARTEFIGUE

C'est sérieux?

CÉSAR

Allez, sors, grande bourrique!

ESCARTEFIGUE

Bon, bon! *(Il sort.)*

ELZÉAR

Ton péché a duré longtemps?

HONORÉ

Cinq à six minutes...

ELZÉAR

Mais combien de mois?

HONORÉ

Presque un an. Après, elle s'est mariée : elle n'a plus voulu.

ELZÉAR

Tu as l'air de le regretter.

HONORÉ

Sur le moment, Elzéar, je l'ai regretté. Mais maintenant, je regrette de l'avoir regretté. Et tu sais, quand je te vois me parler comme ça, je le regrette sincèrement. Mais tu ne sais pas le plus terrible... Quand elle n'a plus voulu... Non, je crois qu'il vaudrait mieux que je ne finisse pas ma confession. Je vois que ça te fait de la peine.

ELZÉAR

Je t'écoute, Honoré, avec toute la tendresse qu'un prêtre peut offrir à tous les hommes. Allons, parle, Honoré...

HONORÉ *(à voix basse)*

Eh bien, quand elle n'a plus voulu, j'en ai pris une autre...

CÉSAR *(à voix basse)*

Oyayaïe...

ELZÉAR

Continue, Honoré...

DANS L'ESCALIER

Escartefigue applique vigoureusement son oreille contre la porte. Il écoute, stupide, sympathique et joyeux...

SUR LA CANEBIÈRE — great boulevard

Fanny, au volant d'une jolie torpédo, ramène son fils chez elle. Elle arrête la voiture devant une pharmacie. Elle descend, elle entre. Césariot attend.

35

DANS LA CHAMBRE

ELZÉAR

Tu m'as tout dit, Honoré?

PANISSE

Oui, tout – et du fond du cœur. Mais je pense maintenant qu'il faut encore que je te dise quelque chose. Et ça, comme ce n'est pas mon secret, je ne peux le dire qu'à toi seul.

ELZÉAR

Bien. Sortez donc s'il vous plaît!

Ils sortent en souriant.

Qu'est-ce que c'est?

PANISSE

Elzéar, devant tout le monde quand tu m'as interrogé sur les mensonges, je n'ai pas voulu te dire qu'il y en a un de mensonge qui me pèse beaucoup, et qui dure depuis vingt ans. Oui. Un mensonge de tous les jours... De toutes les heures...

ELZÉAR

Et lequel?

PANISSE

Tu le sais bien. Fanny te l'a sûrement dit en confession.

Je ne reconnais jamais les gens qui viennent se confesser.

Je te comprends. Eh bien, tu sais qu'en vérité, l'enfant n'est pas mon fils, et beaucoup de gens le savent. Et ma grande crainte – la crainte de toute ma vie – ça a été que quelqu'un le lui dise, par bêtise ou par méchanceté... Lui, naturellement, il ne le croira pas, et j'ai peur qu'il étrangle celui qui le lui dira... Ou bien, s'il le croit, il pensera que je lui ai menti toute ma vie et même après ma mort. Ou alors peut-être il s'imaginera que je ne l'ai pas su, que j'ai été le dindon de la farce, et que sa mère a été une coquine. Alors, il faut lui dire la vérité. Moi, je ne peux pas le faire. J'aurais une trop forte émotion; et puis, j'ai été son père toute sa vie, je veux mourir en étant son père. Et puis, je le connais : il serait capable de refuser mon héritage. Il faudra le lui dire quand tout ça sera réglé et quand il aura fini ses écoles.

Et tu veux que je m'en charge?

Je veux qu'à ce moment tu ailles dire à sa mère qu'elle doit lui révéler la vérité, que c'est moi qui l'en ai chargée, et que c'est ma dernière volonté. Et puis, voilà une petite lettre pour lui. Tout juste quatre lignes pour lui prouver que sa mère ne m'a jamais menti. Quand le moment sera venu, tu la donneras à

Fanny. Je te la confie. *(Il a pris sous son coussin une petite enveloppe. Il la baise, et la tend au prêtre.)*

LA SALLE À MANGER

César, Escartefigue et M. Brun boivent toujours du vin blanc. Claudine coupe des tranches de saucisson qu'elle dispose dans un plat.

CLAUDINE

Mon pauvre mari, moi, ça s'est passé d'une façon étrange. Une nuit, il me réveille. C'était le premier chant du coq. Il avait la figure un peu rouge, et la main sur la poitrine, il me fait : « Claudine, qu'est-ce que tu dirais si je mourais d'un seul coup? » Moi, à moitié endormie, je lui fais : « Ça prouverait que tu n'es pas malin. » Et alors il me fait : « Eh bien, par conséquent, je ne suis pas malin. » Et toc! Il est mort.

ESCARTEFIGUE

Pas possible!

CLAUDINE

Parfaitement. Il avait cinquante-trois ans. Le médecin a dit qu'il était mort de l'embouligue.

CÉSAR *(stupéfait)*

De l'embouligue?

CLAUDINE

Oui, Monsieur, il avait un embouligue.

CÉSAR *(se tâtant le nombril)*

Moi aussi, j'ai un embouligue! Tout le monde a un embouligue!

ESCARTEFIGUE *(fièrement)*

Moi, le mien, il est grand comme une pièce de cinq francs!

CLAUDINE *(supérieure)*

Mais, ça ne veut pas dire le nombril! L'embouligue, dans le langage des savants, c'est une maladie. Le médecin a dit : « C'est une espèce de bouchon qui se met dans les artères. » Et tout d'un coup, cloc! Ça s'éteint comme si on te coupait le gaz!

CÉSAR *(scientifique)*

Ah! Elle veut dire une embolidre!

M. BRUN *(sans rire)*

Il y a même des gens qui appellent ça une embolie!

CÉSAR *(condescendant)*

Oui. A Lyon.

M. BRUN

En effet. A Lyon.

CLAUDINE

Si vous voulez. Mais enfin, il est mort quand même.

HONORINE

Ça, au moins, c'est une belle mort.

CÉSAR

Oh vaï! C'est une belle mort pour les autres. Mais moi, j'aime mieux une laide vie qu'une belle mort... Parce que la mort, on ne sait pas où ça va.

HONORINE

Quand on s'est bien confessé, et bien repenti, ça va au Paradis.

CÉSAR

Oui, peut-être. Mais moi, il y a une idée qui me tracasse : le Bon Dieu d'Elzéar, – le nôtre, enfin – si ça N'ÉTAIT PAS LE VRAI?

ESCARTEFIGUE *(épouvanté)*

Oh, couquin de Diou!

HONORINE *(scandalisée)*

Mais qu'est-ce que vous dites?

CÉSAR

Je veux dire que je connais des musulmans, des

Hindous, des Chinois, des nègres. Leur Bon Dieu, ce n'est pas le même, et ils ne font pas comme nous!... Nous, nous avons des péchés que chez eux c'est une bonne action, et vice versa... Peut-être qu'ils ont tort, remarquez bien... Seulement ils sont des millions de milliasses... S'ils avaient raison, Monsieur Brun?

M. BRUN

Il est certain que la question peut se poser.

CÉSAR

Le pauvre Honoré est tout préparé, bien au goût du Bon Dieu d'Elzéar. Et si, en arrivant au coin d'un nuage, il se trouve en face d'un Bon Dieu à qui on ne l'a jamais présenté? Un Bon Dieu noir, ou jaune, ou rouge? Ou un de ces Bons Dieux habillés en guignol, comme on en voit chez l'antiquaire, ou celui qui a le gros ventre? Ou bien celui qui a autant de bras qu'une esquinade? Le pauvre Panisse qu'est-ce qu'il va lui dire? En quelle langue? Avec quels gestes? *(A Escartefigue)* Tu te vois, toi, déjà fatigué par ta mort, et tout vertigineux de ton voyage, en train de t'expliquer avec un Dieu qui ne te comprend pas? Et tu as beau lui faire des prières, il te dit : « Quoi? Comment? Qu'est-ce que vous dites? » Et il te le dit en chinois?

ESCARTEFIGUE

Situation terrible. Là, tu me donnes le grand frisson. *(Il boit.)*

HONORINE *(en colère)*

Taisez-vous, grand mécréant. Et la Sainte Bible, alors c'est des mensonges? Et les Evangiles? Vous n'avez pas honte de dire des choses pareilles devant l'enfant de chœur?

CLAUDINE *(sarcastique)*

Si vous alliez un peu plus souvent à l'église, au lieu de boire tant de pastis, vous sauriez qu'il n'y a qu'un Dieu! Et ce Dieu, c'est le nôtre.

CÉSAR

Oui, évidemment, le bon, c'est le nôtre. Mais alors, sur toute la terre, il y a beaucoup de gens qui sont couillonnés. Ça me fait de la peine pour eux. N'est-ce pas, Monsieur Brun?

SUR LE QUAI DU PORT

Le docteur se hâte vers Panisse. C'est Félicien. Il est vieux, il est grand, il est maigre. Il porte des lunettes dont les verres sont cerclés d'or, mais il a une pauvre redingote grise, assez fripée. Il est célibataire, et ça se voit, parce qu'il a des pellicules sur le col de la redingote. Allons l'attendre dans la salle à manger de Panisse.

LA SALLE À MANGER

Ils sont encore tous là, autour des verres de vin blanc.

CÉSAR

Moi, c'est pas le curé qui me fait peur. C'est le docteur. Après ce qu'il a dit...

M. BRUN *(avec force)*

Eh bien, moi, je n'ai aucune confiance dans les médecins. Ils se trompent bien souvent!

Entre le docteur en coup de vent.

FÉLICIEN

Et vous avez bien raison, monsieur Brun.

M. BRUN *(confus)*

Excusez-moi, Docteur, je parlais en général...

FÉLICIEN *(débonnaire)*

Oui, vous parliez en général du médecin qui soigne Maître Panisse. Mais, sincèrement, vous avez raison. *(A Honorine)* Il s'est réveillé?

CÉSAR

Oui. Il nous a parlé longtemps.

Le docteur voit soudain les instruments du culte.

LE DOCTEUR *(inquiet)*

Elzéar est là-haut?

CÉSAR

Oui. Il l'a confessé devant nous.

LE DOCTEUR

Il lui a donné l'extrême-onction?

L'ENFANT DE CHŒUR *(nasillard)*

Non Monsieur le Docteur. Pas encore.

LE DOCTEUR

Ce garçon a des végétations dans le pharynx. Je vais voir ce qui se passe là-haut.

Il sort.

DANS L'ESCALIER

Le docteur monte, le prêtre descend.

LE DOCTEUR

Tu l'as confessé?

ELZÉAR

Oui. Il a toute sa connaissance, et je crois que tu vas être assez content.

LE DOCTEUR

Peut-être. A condition que tu ne lui fasses pas ta cérémonie.

ELZÉAR

Pourquoi? La communion n'a jamais tué personne.

LE DOCTEUR

La première, c'est vrai. Mais la dernière? Surtout pour les crises cardiaques, ce n'est pas recommandé. Pas plus tard que la semaine dernière, le sacristain de la Palud, je l'aurais peut-être sauvé; naturellement j'avais recommandé le calme le plus complet; mais cinq minutes après, l'abbé Sylvestre s'est amené avec la sonnette et les huiles. Il lui a fait raconter sa vie, il lui a dit que le Bon Dieu l'attendait à son Tribunal, et hop! Envolé le sacristain. Il est peut-être au ciel, mais il n'est plus chez lui. Et pourtant, c'était un professionnel!

ELZÉAR

Tu veux donc m'interdire de sauver des âmes?

LE DOCTEUR

Je veux que tu me préviennes, pour que je te dise si le moment est venu.

ELZÉAR

Et je ne confesserais que des cadavres!

FÉLICIEN

Allons donc! Le Bon Dieu sait bien ce qu'il fait.

Quand une créature est perdue, elle a toujours, au dernier moment, quelques minutes de clarté. Nous appelons ça « l'euphorie ». C'est le logement de la confession. C'est ton heure : Attends-la.

Il monte, Elzéar descend, puis s'arrête et se retourne.

ELZÉAR

On ne devrait pas le laisser seul : il boit du vin blanc.

FÉLICIEN

Du vin blanc? *(Il monte en courant.)*

LA SALLE À MANGER

Tout le monde mange de bon appétit.

CÉSAR

Les voilà!

Entre Césariot, suivi de Fanny.

CÉSARIOT

Bonjour parrain.

CÉSAR

Bonjour mon petit. *(Il l'embrasse.)*

CÉSARIOT

Papa?

CÉSAR

Il s'en tirera, petit. Il a voulu boire un verre de vin blanc... Il est avec le docteur...

Elzéar entre.

CÉSARIOT *(inquiet)*

Et le prêtre.

ELZÉAR

Je crois que tu n'as pas de raison de désespérer pour le moment. Je l'ai confessé par précaution. On ne sait ni qui vit ni qui meurt. De toutes les personnes qui sont ici, il y en a peut-être une qui mourra avant lui.

Cette déclaration jette un froid. Alors Elzéar ajoute :

ELZÉAR

Peut-être moi.

CÉSAR *(affectueux)*

Tu es malade?

ELZÉAR

Pas plus que toi. Mais si nous mourrions tous les deux la semaine prochaine, ce ne serait pas un événement extraordinaire.

CÉSAR

Pour moi, oui.

ELZÉAR

Nul ne sait le jour ni l'heure, et c'est pourquoi il faut être prêt. *(Il touche l'épaule de l'enfant de chœur.)*

ELZÉAR

Viens, mon petit. Ramenons le Bon Dieu chez lui.

L'enfant de chœur prend le plateau. Ils sortent.

LA CHAMBRE

Le docteur replace son stéthoscope dans son étui.

LE DOCTEUR

Mon cher Honoré, écoute-moi bien. Ta crise est passée. Tu as eu un accident sur une petite artériole du cœur. La défense a très bien joué, tu as fait un petit caillot là où il fallait, et les tissus artériels sont très probablement déjà ressoudés. A l'auscultation, tout paraît normal. Mais...

PANISSE

Mais?

48

Mais je ne puis pas te garantir absolument que tu n'auras pas une autre crise dans un mois ou dans un an. La rupture de cette artériole prouve que tes vaisseaux ne sont pas en très bon état. Donc, je vais te donner un régime qu'il faudra suivre strictement, et tu pourras vivre encore dix ou quinze ans. Je viendrai demain avec le spécialiste, parce que tu ne m'obéiras pas. Tu resteras couché bien tranquille, pendant plusieurs jours; parce que si tu as la prétention de te lever, et d'aller finir cette partie de boules, tu peux mourir brusquement sans avoir le temps de dire « ouf ».

PANISSE

Ça, ça commence à m'agacer. Ça fait quatre ou cinq fois que je l'entends dire, par toi, par César, par M. Brun. Et pourquoi je dirais « ouf »? Et pourquoi je ne le dirais pas? Si c'est ça qui vous inquiète, je te le dis tout de suite « Ouf! ouf! ouf! » Et maintenant je ne risque plus de mourir sans avoir dit « ouf ».

LE DOCTEUR

Calme-toi. Pense à la fragilité relative de tes vaisseaux...

PANISSE

C'est quand même injuste que moi, qui ai fait tant de voiles pour des cotres, des goélettes, et même des trois-mâts, ça soit des vaisseaux qui me font des

cutter-schooner

misères. Enfin, dès qu'ils arriveront, dis-leur de monter.

LE DOCTEUR

A qui?

PANISSE

A Fanny et au petit, qu'elle est allée attendre à la gare.

LE DOCTEUR

Qui t'a dit ça?

PANISSE

Mon petit doigt.

LE DOCTEUR

Puisqu'il est si savant, ton petit doigt, il devrait bien te dire que tu ne dois pas boire du vin blanc.

Il prend la bouteille.

LE DOCTEUR

Je repasserai vers midi.

Il sort, la bouteille à la main.

LA SALLE À MANGER

Le docteur entre. Il pose la bouteille sur la table.

CÉSARIOT

Alors?

FÉLICIEN

Le moral est bon. La crise est passée, mais il faudra de grands soins... *(Il tend une ordonnance à Fanny.)* Voilà des gouttes que tu lui donneras cette nuit. Envoie chercher ça le plus tôt possible.

FANNY

J'y vais. Césariot peut monter le voir?

FÉLICIEN

Oui. Il l'attend. Il avait deviné que tu étais à la gare!

Césariot sort.

LA CHAMBRE

Dans son lit, Panisse attend en souriant. La porte s'ouvre sans bruit. Césariot paraît.

PANISSE

Où est ta mère?

CÉSARIOT

Elle est allée porter une ordonnance chez le pharmacien.

PANISSE

Tant mieux, parce que j'ai à te parler.

CÉSARIOT

Bonjour mon vieux papa. *(Il l'embrasse.)* J'ai passé une bien mauvaise nuit dans ce train.

PANISSE

Et moi! Je te voyais dans le couloir du wagon, je ne pouvais guère respirer, et je me demandais si je tiendrais jusqu'à ton arrivée, parce que j'ai quelque chose d'important à te dire. Il y a longtemps que j'y pense, mais on croit toujours qu'on aura le temps : cette nuit m'a servi de leçon. Assieds-toi là, et écoute-moi.

CÉSARIOT

Père, ce n'est peut-être pas le moment de te fatiguer.

PANISSE

Ce n'est pas long, et puis ça m'enlèvera un grand souci. Mon grand souci, c'est elle, naturellement. Elle n'a pas encore quarante ans... Si le bon Dieu fait les choses comme d'habitude, il faudra qu'elle reste veuve pendant au moins trente ans, et ce sera par ma faute.

CÉSARIOT

Quelle faute? Si tu meurs avant elle, il est certain que tu ne l'auras pas fait exprès! Et puis, tu sais bien que je ne la quitterai jamais.

PANISSE

Je le sais, et je te la confie; mais il est certain que tu te marieras. Tu auras ta femme, tes enfants, la famille de ta femme... Elle n'aura qu'une place de belle-mère et de grand-mère. Elle est beaucoup trop jeune pour ça... Alors, je veux te dire que si un jour, plus tard, elle rencontre un homme qui lui plaise, et si tu estimes que ce serait un mari convenable, il ne faudra pas t'y opposer en souvenir de moi.

CÉSARIOT

Mon cher papa, je connais ta bonté et ta générosité : mais tu me parles d'un avenir qui est encore lointain, et je t'affirme que le docteur m'a rassuré. Nous n'en sommes pas encore là.

PANISSE

Nous n'y sommes pas encore, mais nous y viendrons certainement – et peut-être, à ce moment-là, je ne serai plus capable de te faire les dernières recommandations. Et voilà la dernière : tu trouveras chez le notaire une grande enveloppe à ton nom. C'est l'inventaire de nos biens. Nous sommes beaucoup plus riches que tu ne penses, et ta mère elle-même ne sait pas tout. Alors, si elle se remarie, j'exige la séparation de biens. Ça, c'est indispensable. On ne sait jamais. Les femmes ne sont pas toujours raisonnables... Il vaut mieux prendre des précautions.

CÉSARIOT

Eh bien ne te tourmente pas : j'ai compris, et je ferai exactement ce que tu m'as dit. Compte sur moi.

PANISSE

Bien. Maintenant, ça va mieux... Si je meurs, je ne mourrai pas de mauvaise humeur. Maintenant, ta mère va venir. Donne-moi le petit miroir qui est dans le tiroir de la table de nuit.

Césariot lui tend un petit miroir à manche. Panisse regarde son image.

PANISSE

O yayaïe! C'est extraordinaire ce qu'on peut changer en quelques heures... Prends la brosse, et il y a aussi un gros crayon un peu noir. Donne-le-moi.

Césariot a pris la brosse, et lui donne le crayon.

PANISSE

Il faut que tu me coiffes parce que le docteur m'a défendu de lever les bras.

Césariot le coiffe. Panisse tient le miroir; avec le crayon « un peu noir », il noircit légèrement ses sourcils. On entend un pas dans l'escalier.

PANISSE

Attention. La voilà! Cache tout ça!

Césariot renferme en hâte, dans le tiroir, la brosse, le peigne et le crayon.

Mets-moi deux coussins dans le dos.

Césariot le soutient par deux coussins. On entend un pas léger qui monte l'escalier. Panisse, blême et radieux, regarde la porte qui va s'ouvrir.

UN GARAGE À TOULON :
MARIUS ET FERNAND

C'est un garage assez grand, où il y a une douzaine de voitures et la place – vide – d'une douzaine d'autres.

Dans un coin, Marius travaille sur un tour. On entend une voix qui crie : « Marius! O! Marius! » Marius répond : « Vouei! » Il quitte le tour, et en s'essuyant les mains, il s'approche. On le suit, on rencontre Fernand. Chapeau melon gris, escarpin à claque à un pied, pantoufle à l'autre. Il s'appuie sur une canne, il a l'air de souffrir épouvantablement.

FERNAND

Bonjour, petit!

MARIUS

Bonjour, ma vieille. Ça ne va pas?

FERNAND *(dramatique)*

Une attaque foudroyante à la cheville. Impossible de faire un pas sans crier.

MARIUS

Ça ne t'a pourtant pas empêché d'aller faire l'imbécile hier soir au petit bar des Vieux Quartiers.

FERNAND

Qui t'a dit ça?

MARIUS

Quelqu'un de très bien informé. Tu étais parfaitement saoul, et devant cinq ou six truands, tu as fait une petite conférence sur l'art de maquiller les voitures volées.

FERNAND

Moi?

MARIUS

Oui, toi.

FERNAND

Je n'ai pas fait une conférence : ce n'est pas vrai. C'est Jo les Gros-Yeux, qui parlait du maquillage des voitures. Il n'y comprenait rien. Il confondait l'immatriculation et le numéro du moteur. Alors moi je lui ai expliqué, naturellement...

MARIUS

Tu trouves naturel que mon associé dans ce garage explique comment on maquille les voitures volées? Surtout avec la gueule que tu as, et ta manie de ne fréquenter que des gangsters... Quel besoin as-tu de cette ordure de Jo les Gros-Yeux?

FERNAND

Nous étions ensemble à l'école communale...

MARIUS

Et puis ça te plaît de jouer les truands...

gangsters

FERNAND

tell off

Ecoute : tu m'engueuleras après. Il y a quelque chose dans le journal qui t'intéresse : dans un avis de décès, il y a le nom de ton père...

MARIUS *(pâle)*

Le nom de mon père?

FERNAND

Ne t'émotionne pas. Son nom y était, mais il n'avait pas la vedette. La vedette s'appelait... Attends, je l'ai gardé.

Il tire le journal de sa poche et il lit.

Madame Honoré PANISSE et son fils,

Madame Veuve Honorine CABANIS,

Madame Veuve Claudine FOULON,

ont la douleur de vous faire part de la perte cruelle qu'ils viennent d'éprouver en la personne de :

HONORÉ PANISSE

sailor

Maître voilier du port de Marseille,

pieusement décédé à son domicile, à l'âge de 66 ans.

Priez pour lui.

MARIUS *(pensif)*

Panisse est mort!

FERNAND

Ben, à 66 ans, que veux-tu? Mais attends : en dessous, il y a un autre avis de décès. Celui-là, il est en grosses lettres, avec beaucoup de blanc entre les lignes. On voit que lui, il a dû coûter cher, celui-là.

M. César OLIVIER, du bar de la Marine,

M. Albert BRUN, vérificateur des douanes,

M. Félix ESCARTEFIGUE, capitaine au long cours en retraite,

M. Innocent MANGIAPAN, ex-chauffeur du ferry-boîte,

M. le Dr Félicien VENELLE,
ont la douleur de vous faire part de la perte cruelle qu'ils viennent de subir en la personne de :

HONORÉ PANISSE
Maître voilier

qui leur fit, pendant plus de trente ans, l'honneur de son amitié.

MARIUS *(ému)*

Panisse est mort... Pauvre Honoré... Pauvre...

FERNAND

Tu le connaissais bien?

MARIUS

Tu penses! C'est celui que je t'ai dit.

FERNAND

Celui qui t'a pris ta femme et ton petit?

MARIUS

Il y a eu plus de ma faute que de la sienne. Et puis, s'il m'a fait du tort, il a tout fait pour le réparer... Quand Peugeot nous a fait ce long crédit pour l'outillage, je croyais que c'était pour mes beaux yeux... Et puis un jour le représentant m'a dit que c'était lui, maître Panisse, qui avait donné sa garantie. Remarque que ça ne lui a rien coûté, puisque nous avons tout payé. Mais, si nous n'avions pas fait une échéance, c'est lui qui aurait payé pour nous!

FERNAND

Tu ne sais pas ce qu'on va faire? On va aller à son enterrement. C'est demain matin...

MARIUS

Non, ça non... Ça, je ne peux pas... Je ne veux pas voir mon père, Escartefigue... toute l'équipe, quoi... Eux, ça ne leur ferait pas plaisir de me voir... Et moi, ça me ferait de la peine...

A MARSEILLE,
DEVANT LE MAGASIN DE PANISSE

Les draps funèbres sont tendus autour de la porte.

Sur le trottoir, une foule de gens, qui attendent, derrière le corbillard à gros pompons. Le cocher du carrosse macabre porte un bicorne barré d'argent, et sous ce bicorne, une trogne incroyablement enluminée, et ornée d'une énorme verrue.

Pendant que nous le regardions, les croque-morts ont mis le cercueil à sa place, sous une montagne de fleurs et voici que le cortège se met en marche.

Seul, le premier, Césariot s'avance, en grande tenue. Il est très pâle, il marche comme un automate, les yeux baissés. Derrière lui, au premier rang, le chauffeur, César, Escartefigue, M. Brun. Ils sont tous vêtus de noir. Ils marchent, les yeux rouges, leur chapeau à la main. Derrière eux, il y a quatre ou cinq messieurs assez gros, des commerçants, sans doute, des juges au Tribunal de Commerce ou aux Prud'hommes. Une foule de clients ou d'amis. Tout ce cortège défile le long du Vieux Port. D'abord en silence... Puis, au bout de quelques minutes, il y a un peu partout des conversations particulières à voix basse.

UN GROS MONSIEUR

Moi, je n'ai pas de chance, il me devait 250 francs. Maintenant, je n'oserai jamais le dire à la veuve... Voilà 250 francs de claqués.

LE VOISIN

Comme lui.

LE GROS MONSIEUR

Comment comme lui?

LE VOISIN

Ben quoi, il est claqué, lui aussi.

LE GROS MONSIEUR *(charmé)*

Eh! au fait! c'est vrai! il est claqué. *(Il rit.)* Il est bon, il est bon.

Un autre rang.

UN MONSIEUR FRAIS ET ROSE
(à voix basse, mais avec violence)

A grands coups de pied dans le derrière!

SON VOISIN

Qu'est-ce qu'il avait fait?

LE MONSIEUR

Evidemment, à quatorze ans, on a bon appétit. Mais je l'ai surpris, monsieur, en train de manger des saucissons d'Aubagne, qui venaient d'arriver. Il en avait mangé deux, sans pain. Un bon kilo de saucisson frais! Alors vous pensez.

SON VOISIN

Oui, évidemment, vous ne pouviez plus le garder...

Un autre rang.

UN MONSIEUR

Dites donc, je crois qu'on peut mettre son chapeau. Moi, avec ce soleil, je n'en peux plus.

L'AUTRE MONSIEUR

Personne ne s'est couvert encore...

UN MONSIEUR

Il faut bien que quelqu'un commence.

Il se couvre. D'autres se couvrent à mesure. Au dernier rang, un petit monsieur se couvre. Le chapeau melon lui descend jusqu'aux oreilles. Il le regarde avec stupeur. bowler

LE PETIT MONSIEUR

Ça, c'est curieux, par exemple...

SON VOISIN

Qu'est-ce qu'il y a?

LE PETIT MONSIEUR

Je me suis trompé de chapeau.

LE VOISIN

Où ça?

LE PETIT MONSIEUR

Chez le mort. Je l'avais laissé en bas dans le vestibule, pour monter voir notre pauvre ami... Et en redescendant, j'ai cru prendre le mien, et j'ai pris celui-là.

LE VOISIN

C'est peut-être le chapeau du mort!

LE PETIT MONSIEUR *(impressionné)*

Ça alors, ça serait funèbre! *(Il regarde les initiales.)* Non, ce n'est pas ça. Il y a C. O.

LE VOISIN

Alors, c'est celui de César!

Au premier rang.

LE DOCTEUR *(à Escartefigue)*

Félix, mets ta casquette. Tu risques une congestion.

ESCARTEFIGUE

Tu crois que c'est convenable?

LE DOCTEUR

C'est plus convenable que de tomber raide au milieu de l'enterrement. Moi, je me couvre.

ESCARTEFIGUE

Tu as raison.

Ils se couvrent tous les deux.

LE DOCTEUR

Dis à César de se couvrir. Il a déjà le crâne rouge.

ESCARTEFIGUE *(se penche vers César)*

César, couvre-toi.

CÉSAR

Tu crois qu'on peut?

ESCARTEFIGUE

Oui, on peut. Félicien dit que tu risques une congestion.

CÉSAR *(se tourne vers M. Brun)*

Qu'est-ce que vous en pensez, monsieur Brun?

M. BRUN *(à voix basse)*

De quoi?

CÉSAR

Vous croyez qu'on peut mettre son chapeau?

M. BRUN *(regarde le cortège derrière lui)*

Tout le monde s'est couvert. Moi aussi, ma foi. *(Il se couvre.)*

CÉSAR

Au fond, oui.

*Il met sur la tête le chapeau qu'il portait à la main.
Le chapeau reste perché au sommet de son crâne. La
face de César exprime une surprise assez vive. Il se
découvre rapidement. Personne n'a vu son manège. Un
instant plus tard, le docteur le voit de nouveau, tête
nue sous le grand soleil.*

LE DOCTEUR *(impatient)*

Mais pourquoi il ne veut pas mettre son chapeau?
Félix, dis-lui que c'est très sérieux... Le soleil tape
dur, et à son âge...

ESCARTEFIGUE

César, mets ton chapeau. Va, le pauvre Honoré te
le pardonnera... S'il était là, il te dirait lui-même de
le mettre... Dépêche-toi. Mets ton chapeau.

César ne peut répondre : il commence à rire.

ESCARTEFIGUE *(au docteur)*

Il veut pas. Et il rit tout seul... Je crois qu'il
devient fou.

M. BRUN

Couvrez-vous, César? Ce n'est pas prudent... Mettez votre chapeau...

CÉSAR

Je peux pas... C'est pas le mien...

*M. Brun, malgré ses efforts héroïques, commence à
rire, lui aussi.*

LE DOCTEUR *(du bout du rang)*

César, je t'ordonne de mettre ton chapeau. Tu
entends?

CÉSAR

Tu me l'ordonnes? Bon. *(Il met sur sa tête le petit
chapeau et tout le cortège éclate de rire.)* Si le pauvre
Honoré nous voit, il doit rigoler plus que nous!

DANS LE BAR DE CÉSAR

*Cinq heures de l'après-midi. Comme d'habitude,
César, Escartefigue et M. Brun sont installés autour
d'une table, pour la partie de manille quotidienne.
César bat les cartes, et il va les distribuer tout en
parlant avec une certaine véhémence.*

CÉSAR

Monsieur Brun, j'ai la prétention de connaître
mon métier.

M. BRUN

Evidemment, évidemment.

ESCARTEFIGUE

Ça, personne n'oserait le discuter.

CÉSAR

Monsieur Brun, tous les apéritifs sont faits avec des plantes : gentiane, sauge, anis, peau d'orange, absinthe et cétéra. Or, les plantes, ce sont des remèdes. Dans ma chambre, j'ai un gros livre : la Santé par les Plantes, ça guérit TOUT. Alors, finalement, qu'est-ce que c'est qu'un apéritif? C'est une espèce de tisane froide. Vous pourriez me dire qu'il y a de l'alcool...

M. BRUN

Je vous le dis.

CÉSAR

Et qu'est-ce que c'est, l'alcool? Essence de vigne : plante! Et quand quelqu'un se trouve mal, qu'est-ce qu'on dit? « Vite, faites-lui boire quelque chose! Vite! Un peu de rhum! Un peu de Chartreuse! » Donc, Remède. Naturellement, il ne faut pas en boire trop. Pour tous les remèdes, c'est la même chose. Sur toutes les boîtes : il y a écrit : « Ne pas dépasser la dose prescrite. »

ESCARTEFIGUE *(cartes en main)*

Quarante à pique. *(Il regarde son jeu.)*

CÉSAR

Cinquante à trèfle.

Je passe.

CÉSAR

Et lui?

Il se tourne vers la place vide d'Honoré, comme s'il attendait une réponse. Il découvre les cartes, seules sur la table. Il voit la chaise vide, il a une grande émotion. M. Brun est tout pâle. Escartefigue se met à pleurer. César pose ses cartes sur le tapis.

CÉSAR *(à voix basse)*

Cette fois-ci il est bien mort. Je ne l'avais pas encore compris.

M. BRUN

Eh oui. Cette chaise vide est plus triste que son tombeau. Les poètes l'ont dit déjà. En souvenir de lui, écoutez quatre vers de Sully Prudhomme. C'est un grand écrivain, un grand poète, qui est momentanément considéré comme un imbécile. Ecoutez :

C'est aux premiers regards portés
En famille autour de la table
Sur les sièges plus écartés
Que se fait l'adieu véritable.

Un grand temps, puis César retourne sur le tapis le jeu de Panisse.

CÉSAR

Et il avait beau jeu! Trois atouts!

ESCARTEFIGUE

Fais voir! Oh! Oh! Oh! Qu'est-ce qu'il aurait fait avec ça!

CÉSAR *(scientifique)*

Voyez-vous, moi je serais parti du sept de pique. Parce qu'il est seul, et que ça me fait une coupe.

M. BRUN

Mais lui, qu'est-ce qu'il aurait joué?

CÉSAR

Oh! il n'aurait pas fait la passe!

Il prend une carte dans le jeu de Panisse, et la lance avec autorité sur le tapis. Il joue la manille!

M. BRUN

Et il a raison!

ESCARTEFIGUE *(joue)*

Et il me prend le manillon sec!

CÉSAR

Il a toujours eu de la chance, et ça continue.

M. BRUN

Je charge avec le Roi! A lui de jouer!

César ramasse la levée, et la donne à Honoré.

CÉSAR

Laissez-le un peu réfléchir! *(Il examine le jeu de Panisse.)* Il joue atout, ce brigand! *(Il lance une carte sur le tapis.)*

ESCARTEFIGUE *(désolé)*

S'il avait essayé sa manille de cœur, je la coupais sec!

CÉSAR

Il se méfiait.

M. Brun joue, puis César, qui fait la levée. Puis il joue à son tour.

CÉSAR

Manille de carreau!

ESCARTEFIGUE

Mais tu es fou! Tu vois bien qu'il va la couper!

CÉSAR *(catégorique)*

S'il n'était pas mort, je ne le saurais pas.

ESCARTEFIGUE *(joue)*

Encore un manillon sec! Franchement, ça ne vaut pas la peine d'être cocu.

Je l'entends rire!

M. BRUN

Je me défausse d'un joli carreau.

César ramasse la levée, et la donne à Honoré.

CÉSAR

Et maintenant, qu'est-ce qu'il dit Honoré? Il abat son jeu, il te fait voir trois atouts maîtres, et deux piques maîtres, et il dit : « Tout le reste est à moi »... Et nous sommes cuits!

Ils jettent toutes leurs cartes sur celles de Panisse.

DEUX ANS PLUS TARD

Sur la terrasse d'une villa, au début de septembre. C'est à Cassis, à flanc de coteau, sous une pinède, en face de la mer.

Dans une très confortable chaise longue en rotin, Fanny lit un livre. Elle est toujours belle, mais grave. Voici qu'au bout de l'allée de pins, paraît Monsieur le

Curé, tout noir. Il s'avance vers elle, qui ne l'a pas vu venir, et ne lève la tête qu'à sa voix.

LE CURÉ

Bonjour Fanny.

Fanny se lève, et va vers lui. Le cher Elzéar a beaucoup maigri; il est bien pâle, et paraît oppressé, mais souriant.

FANNY

Bonjour Monsieur le Curé! J'espère que vous venez déjeuner avec nous?

LE CURÉ

Non. Pas tout à fait. C'est-à-dire que je dois déjeuner avec le curé de Cassis, qui a été mon vicaire autrefois, et j'en ai profité pour te rendre visite.

FANNY

Asseyez-vous donc, car vous ne paraissez pas bien vaillant.

LE CURÉ

Je ne le suis guère depuis quelque temps... Je dois même, sur l'ordre formel de Monseigneur, aller me reposer à la montagne, dans un sanatorium du clergé.

Tout en parlant, il s'est assis dans un fauteuil d'osier.

FANNY

J'espère que c'est tout simplement de la fatigue...

LE CURÉ

Ma chère enfant, nous sommes dans la main de Dieu, et c'est lui qui choisit notre heure. Où est ton fils?

FANNY

A la pêche, avec Brioche.

LE CURÉ

Il va retourner à Paris?

FANNY

Oui, mais dans une quinzaine. Ses cours ne commencent qu'en octobre.

LE CURÉ

Je croyais qu'en sortant le second de l'Ecole Polytechnique, il avait fini ses études?

FANNY

En principe, elles sont finies : mais il veut les compléter pour être ingénieur dans les constructions navales, parce que c'était le désir de son père.

LE CURÉ

Ces nouvelles études seront-elles longues?

FANNY

Sans doute deux ans.

LE CURÉ *(pensif)*

C'est bien long.

FANNY

Pas pour lui.

LE CURÉ

Je parle pour moi.

FANNY

Pourquoi?

LE CURÉ

Je crains bien qu'avant la fin de ces deux ans le Bon Dieu ne m'ait rappelé à lui. Or, à la veille de sa mort, Honoré m'a chargé d'un message pour toi, et d'une lettre pour lui : mais il avait bien spécifié que je devais attendre que le garçon ait fini ses études... Je crains de ne pas vivre jusque-là; et comme je suis le seul dépositaire de cette mission, je crois pouvoir considérer que notre cher Honoré ne pensait qu'aux études de l'Ecole Polytechnique, et que je peux te parler aujourd'hui.

FANNY *(inquiète)*

Ce que vous avez à me dire est donc bien grave?

LE CURÉ

Oui, mais c'est tout à la louange d'Honoré, qui – pour les grandes choses – fut un parfait honnête homme.

FANNY

Je le sais.

LE CURÉ

Et c'est pourquoi toute sa vie, il a eu le remords de mentir à l'enfant.

Un temps. Il la regarde.

FANNY

Je sais ce que vous allez me dire.

LE CURÉ

Sa dernière volonté, c'est que tu révèles à ton fils qu'Honoré n'était pas son père.

FANNY

Pourquoi le lui dire, puisqu'il est heureux?

LE CURÉ

D'abord, pour qu'il ne l'apprenne pas par d'autres, et pour qu'il sache que tu n'as jamais menti à ton mari. Voilà une lettre d'Honoré, que tu dois lui remettre.

FANNY

Quand?

LE CURÉ

Le plus tôt possible.

Fanny a pris la lettre qu'elle regarde longuement.

FANNY

J'ai souvent pensé, moi aussi, à notre mensonge...
Ce ne fut pas un crime. C'était dans l'intérêt de
l'enfant.

LE CURÉ

Je le sais. Mais aujourd'hui, ce n'est plus un
enfant : c'est un homme. Il me semble qu'il a le droit
de savoir. Il est en âge de comprendre, et d'excuser.
C'est ce qu'a pensé Honoré. Et puis, je dois te dire
qu'il m'en a parlé avec beaucoup d'insistance, car il
croyait que la Justice Divine le garderait en Purga-
toire à cause de ce mensonge paternel. Je ne crois pas
beaucoup qu'il y ait dans l'autre monde des lieux de
souffrance où le Dieu de Miséricorde tourmente
longuement les pauvres âmes qu'il a créées. Mais je
pense que notre punition, ce ne sera rien d'autre que
le souvenir de nos erreurs et de nos fautes, parce que
nous les verrons alors clairement. Il est possible que
sa pauvre âme d'honnête homme souffre encore de
ce qu'il appelait son « mensonge quotidien », et
qu'en avouant la vérité à ton fils, tu la délivrerais –
non pas d'une grande torture – mais d'un regret, et
peut-être d'un remords.

FANNY

Puisque mon mari l'a voulu, je le ferai, dès que
j'en aurai l'occasion.

LE CURÉ

Tu peux attendre, si Dieu te prête vie.

FANNY

Si je trouve une occasion... *(Elle s'arrête tout à coup.)* Attention, le voilà.

En effet, Césariot monte vers la villa à travers la pinède. Le torse nu, dans tout l'éclat de sa jeunesse, il porte deux sacs de filet qui sont pleins de poissons. Fanny cache la lettre dans son corsage. Césariot s'avance.

CÉSARIOT

Bonjour Monsieur le Curé.

LE CURÉ

Bonjour mon petit : je vois que tu as fait bonne pêche...

CÉSARIOT

Brioche connaît les bons coins, selon le temps et la saison. Vous restez à déjeuner avec nous?

LE CURÉ

Non, j'ai déjà dit à ta mère que je suis invité par mon ami, le curé de Cassis, mais je suis charmé d'être invité une seconde fois.

CÉSARIOT

J'allais tout justement descendre à Marseille ce soir, pour vous demander de dire une messe après-demain matin...

Le Curé lui coupe la parole.

LE CURÉ

Pour le second anniversaire.

CÉSARIOT

Vous y aviez pensé, je vous en remercie.

LE CURÉ

Oui, j'y ai pensé, et si par hasard tu l'avais oublié, je l'aurais dite tout de même...

LA CHAMBRE DE CÉSARIOT

CÉSARIOT

Ma chère maman, j'ai l'impression que tu me caches quelque chose.

FANNY

Moi?

CÉSARIOT

Oui. Tu me fais des cachotteries.

FANNY

En quoi?

CÉSARIOT

J'ai de bons yeux... En montant dans la pinède, j'ai remarqué qu'à ma vue, tu as vivement caché quelque chose dans ton corsage, et il m'a semblé que c'était une lettre...

FANNY

Et que crois-tu?

CÉSARIOT

Comme, à mon avis, c'est Monsieur le Curé qui te l'a apportée, ce ne peut être qu'un message parfaitement innocent – pourtant, pourtant – il avait l'air gêné, et tu n'étais pas à ton aise.

FANNY *(elle sourit)*

Tu crois que j'ai une correspondance secrète avec un galant?

CÉSARIOT

Ni un galant, ni un amant, mais peut-être un prétendant des plus honorables...

FANNY

Tu es dans l'erreur la plus complète, et cela m'amuse que tu sois jaloux de ta mère.

CÉSARIOT

C'est un sentiment assez naturel. Mais ce n'est pas vraiment de la jalousie... Mais puisque nous abordons ce sujet délicat, je crois que c'est le moment de te dire ce qu'en pensait papa.

FANNY

Qu'en sais-tu?

CÉSARIOT

Deux jours avant sa mort, il m'a dit : « Je te la

confie. Elle a été pour moi une épouse parfaite, mais elle est encore bien jeune pour rester veuve pendant trente ans. Et puis, un jour, tu te marieras, et elle ne serait plus qu'une belle-mère et une grand-mère. Comprends-tu, elle m'a donné le printemps de sa vie : ce n'est pas une raison pour qu'elle sacrifie l'été et l'automne. Alors, si un jour elle rencontre un homme qui lui plaise, et si tu estimes que ce serait pour elle un mari convenable, il ne faudra pas t'y opposer par jalousie de fils, ou en souvenir de moi. » Voilà ce qu'il m'a dit, assis sur ce lit où il devait mourir le lendemain soir. Il n'a mis que deux conditions : d'abord, qu'il ne soit pas plus jeune que toi – parce qu'une jeune femme qui a eu un vieux mari est tentée d'en épouser un trop jeune afin de rétablir l'équilibre de sa vie – et ensuite, il exige la séparation de biens, pour être sûr que tu pourras toujours vivre largement, quoi qu'il arrive. Voilà le dernier message de papa : tu vois que si tu remplis ces conditions, je ne me permettrai pas de te blâmer, parce qu'en somme, tu exécuteras sa dernière volonté.

FANNY

Il n'en est pas question maintenant.

CÉSARIOT

Alors, montre-moi cette lettre.

FANNY

Plus tard.

Pourquoi me la cacher? Il est plus jeune que toi?

FANNY

Qui?

CÉSARIOT

Ton correspondant.

FANNY

Cette lettre ne m'est pas adressée.

CÉSARIOT

Elle est adressée à qui?

FANNY

Après tout, il faudra un jour en venir là. Autant te dire la vérité tout de suite.

Elle sort la lettre de son corsage, et la tend à son fils.

FANNY

Cette lettre est pour toi.

CÉSARIOT

Pour moi? *(Il prend la lettre, et regarde longuement l'enveloppe.)* Il me semble que c'est l'écriture de papa.

FANNY

Il l'a écrite sur son lit de mort.

82

Il regarde encore longuement la lettre, puis sa mère.

CÉSARIOT

J'ai peur de l'ouvrir.

FANNY

Moi, je n'ai pas peur.

Il hésite encore. Puis il ouvre l'enveloppe, déplie la lettre, la lit en silence. Il paraît stupéfait, et relit à haute voix.

CÉSARIOT

« Mon cher garçon. Crois tout ce que te dira ta mère. Elle ne m'a jamais menti, et j'ai toujours su que je n'étais pas ton père. Signé : Papa. » *(Il relit la lettre en silence encore une fois.)* Maman, dis-moi qu'il avait le délire?

FANNY

Non. Il a voulu que tu saches la vérité. Tu n'es pas le fils d'Honoré.

Il va s'asseoir, les coudes sur la table, son visage entre ses deux mains.

CÉSARIOT

Je pense à certaines paroles de papa – qui n'était pas mon père, mais qui sera toujours papa – il m'avait dit un jour : Elle est intelligente... Elle est dévouée... Elle est propre... « Propre », voilà le mot,

83

disait-il, je ne veux pas en chercher d'autre : propre, c'est elle...

FANNY

C'était vrai.

CÉSARIOT

Et puis il m'avait dit : « Chaque fois que j'ai vu un bateau blanc repeint de neuf, une belle lessive étendue, avec ses draps tout éclairés; chaque fois que j'ai vu une grande prairie toute blanche de marguerites, eh bien, j'ai pensé à ta mère. » Voilà ce qu'il disait... Qu'est-ce que je vais penser des femmes, maintenant que je sais que ma mère peut mentir!...

FANNY

Mais il te dit lui-même que je ne lui ai jamais menti!

CÉSARIOT

Tu lui avais avoué, et il t'a pardonnée?

FANNY

Il m'a épousée pour te donner un nom.

CÉSARIOT

Et... ce secret, vous étiez les seuls à le savoir?

FANNY

Non.

CÉSARIOT

Grand-mère le sait?

FANNY

Oui.

CÉSARIOT

Et tante Claudine?

FANNY

Elle le sait aussi...

CÉSARIOT

Et mon parrain César le sait probablement?

FANNY

Oui, il le sait.

CÉSARIOT

En somme, on peut dire qu'on a fait une certaine publicité autour de cette histoire... Et moi, toute ma vie, j'ai vécu dans l'ignorance de la comédie qui se jouait autour de moi... Il a dû y en avoir des conciliabules, des chuchotements, des inquiétudes... Et le pauvre papa devait avoir un drôle d'air au milieu de cette aventure... Quel rôle on lui faisait jouer!

FANNY

Mon petit, ce rôle c'est lui qui l'avait choisi, en pleine connaissance de cause... Et tous les jours, il m'a remerciée de lui avoir donné ce fils. Tu as été la joie et la fierté de sa vie.

Un temps.

CÉSARIOT

Tu aurais dû me le dire plus tôt. Je l'ai beaucoup aimé, mais il me semble que je l'aurais aimé davantage... Que je l'aurais mieux remercié de sa tendresse, de sa générosité... Maintenant, c'est trop tard. *(Il hésite un moment, puis parle tout à coup.)* Et l'autre? Mon géniteur?

FANNY

Je t'ai fait un aveu pénible, un aveu qui m'a coûté cher, parce que le prêtre m'a apporté tout à l'heure l'ordre de ton père. Il a voulu que je te dise que tu n'étais pas son fils – et il te l'a écrit lui-même – il ne m'a pas forcée à te dire le reste. A quoi bon?

CÉSARIOT

Il est mort?

FANNY

Pour moi, oui.

CÉSARIOT

Ce qui veut dire qu'il vit encore.

FANNY

Je le suppose. Je ne l'ai pas revu depuis vingt ans.

CÉSARIOT

Après tout, je n'ai aucune envie de savoir qui c'est. C'était sans doute un jeune homme riche, qui a séduit la petite marchande de coquillages, et qui l'a abandonnée avec un enfant. Je suis donc le fils d'un salaud.

FANNY

Ce n'est pas vrai. Il n'était pas riche, et il était honnête. Quand il m'a quittée, il ne savait pas que j'allais avoir un enfant, car je ne le savais pas non plus.

CÉSARIOT

Tu ne l'as donc pas fréquenté bien longtemps. Alors, comme ça, en passant...? Tu as fait ça, toi?

FANNY

Non, mon petit, non... Je le connaissais depuis longtemps... Il était beau, et il m'aimait.

CÉSARIOT

Et toi, tu l'aimais aussi?

FANNY *(elle a de grosses larmes qui commencent à rouler sur ses joues tremblantes.)*

Si je ne l'avais pas aimé, tu ne serais pas là pour me le reprocher.

CÉSARIOT *(il se rapproche d'elle, ému)*

Alors, si vous vous aimiez tant que ça, pourquoi t'a-t-il quittée?

FANNY

Il avait la folie de la mer. Il voulait naviguer... C'était une maladie.

CÉSARIOT

Comme Marius, le fils de César?

FANNY

Comme Marius, le fils de César. C'était lui.

Il demeure immobile, muet de stupeur. Les grosses larmes tombent toujours.

DANS LE BAR DE CÉSAR

Il est minuit. Les chaises sont installées sur les tables, les pieds en l'air. César est seul. Il arrose les carreaux avec un entonnoir, puis il y jette des poignées de sciure. Comme il prend son balai on frappe aux volets fermés du bar.

CÉSAR

Qu'est-ce que c'est?

LA VOIX DE CÉSARIOT

C'est moi.

CÉSAR

Qui, vous?

CÉSARIOT

Moi, Césariot.

CÉSAR

O coquin de sort!

*Il va ouvrir la petite porte du milieu des grands
volets de la fermeture. Césariot entre. Il est pâle,
nerveux, et parle presque sèchement.*

CÉSAR

Je te croyais à Cassis.

CÉSARIOT

Nous sommes rentrés tout à l'heure.

CÉSAR

Qu'est-ce qu'il y a? Un accident?

CÉSARIOT

Non, mais j'ai besoin de te parler. Ferme la
porte.

CÉSAR

Monsieur le Comte me donne l'ordre de fermer la
porte?

CÉSARIOT

Si je savais comment elle se ferme, je l'aurais
fermée moi-même. Je suis trop bien élevé pour
donner des ordres à mon grand-père.

*César a fermé la porte, et le regarde avec sur-
prise.*

CÉSAR

Tu veux dire ton parrain?

CÉSARIOT

Pas du tout. Je t'appelle grand-père parce que tu es mon grand-père.

CÉSAR

Qui t'a dit ça?

CÉSARIOT

Ma mère. Elle vient de me le dire.

CÉSAR

Qu'est-ce que c'est que cette invention?

CÉSARIOT

Allons, ne fais pas semblant d'ignorer ce que tu sais depuis si longtemps.

CÉSAR

Si c'est vrai, tu me l'apprends.

CÉSARIOT *(il lui tend une lettre)*

Allons donc! Voilà la dernière lettre de papa. Il l'avait confiée à notre curé, pour qu'il me la remette à la fin de mes études.

César lit la lettre.

CÉSAR

Il n'est pas question de Marius dans ce papier.

CÉSARIOT

Ma mère m'a tout dit.

CÉSAR

Ayayaïe... Nous voilà en plein pastis sentimental.
Quoique ça soit moins grave qu'un accident d'automobile, ou une typhoïde... Quand on pense à tous les
malheurs qui peuvent nous arriver à chaque instant...
Finalement, tu devrais te dire que tu as eu de la
chance. Mais oui. Tu es le fils d'un garçon de vingt
ans, et c'est pour ça que tu es beau... Un père jeune,
et ensuite un papa millionnaire, ce n'est pas possible
d'avoir plus beau jeu... Eh oui. Tu as été élevé
comme un coq en pâte, le pensionnat, le lycée, les
grandes écoles, l'automobile, le cotre, le chemin de
fer en première classe, les costumes sur mesure, les
cravates de soie, etcétéra etcétéra. Et si mon fils
n'avait pas été fou, tu serais à ce comptoir, à rincer
des verres, et à composer des Picon-citron. Si
quelqu'un a perdu dans cette affaire, c'est moi, et je
ne me plains pas.

CÉSARIOT

Mais moi non plus. Je ne me plains pas. Je
constate.

CÉSAR

Tu constates, et tu ne dis rien, mais tu en penses le
double.

CÉSARIOT

Tu as raison, car le double de rien c'est zéro.

91

CÉSAR

N'essaie pas de m'embrouiller avec les mathématiques; et dis-moi plutôt, sincèrement, ce que ça te fait.

CÉSARIOT

Ça me change.

CÉSAR

Mais qu'est-ce qu'il y a de changé?

CÉSARIOT

Mes idées, mes opinions sur tout le monde, et surtout sur ma mère.

CÉSAR

Oui. Tu viens de découvrir que ta mère était une femme. Il n'y a pas de quoi s'effrayer.

CÉSARIOT

Je ne suis pas effrayé, mais surpris, et tu dois le comprendre.

CÉSAR

Oui. Je comprends que tu aurais été moins surpris si on t'avait dit que tu étais le fils d'un grand duc ou d'un archevêque... Mais non. Tu es le fils d'un beau garçon de bar, et de la plus fine, de la plus jolie petite marchande d'oursins. Eh oui, c'est comme ça.

CÉSARIOT

Ton fils navigue toujours?

CÉSAR

Non. Quand il est revenu, ta mère s'était mariée –
à cause de toi – et tu étais né. Alors, il est reparti
vers les mers du sud; il y est resté cinq ans. Puis il a
fini par en avoir assez des palmiers, des noix de coco;
il est revenu, et il s'est établi à Toulon, avec un
ami.

CÉSARIOT

Je suppose qu'ils tiennent un bar?

CÉSAR *(avec mépris)*

Même pas! un garage! *(Il éclate de rire.)*

CÉSARIOT

Il vient te voir, quelquefois?

CÉSAR

Non. Il n'a plus voulu venir à Marseille. Il ne
voulait pas gêner ta mère, ou Honoré.

CÉSARIOT

C'était donc par délicatesse?

CÉSAR

Oui. Mais par délicatesse, il nous a complètement
abandonnés, moi, le bar et la clientèle. De temps en
temps j'allais le voir à Toulon. Avec un bar, c'est
difficile de s'absenter. Et puis surtout, il vivait avec
une femme vulgaire, insolente, fainéante – et chaque
fois que j'y suis allé, à la moindre observation que je
lui faisais elle me répondait d'une façon insupporta-

ble... Un jour, finalement, je lui ai dit ses quatre
vérités.

CÉSARIOT

Peut-être même plus de quatre.

CÉSAR *(avec force)*

Je me suis soulagé pendant un bon quart d'heure –
et sais-tu ce qu'a fait mon fils? Il m'a donné tort.
Oui monsieur. Je suis parti en claquant la porte – et
le lendemain, j'ai reçu une lettre de lui. Je croyais
que c'était des excuses. Pas du tout. Mon fils me
disait que pour éviter des incidents pénibles il valait
mieux que je ne revienne pas chez lui! Je lui ai
répondu que dans ces conditions, il était parfaitement inutile qu'il revienne chez moi. Et voilà pourquoi je ne sais plus rien depuis six ans!

*Un temps. Césariot fait quelques pas, et regarde
autour de lui.*

CÉSARIOT

Ton père aussi tenait ce bar?

CÉSAR

Bien sûr. Et mon grand-père aussi. C'est mon
arrière-grand-père qui en a fait l'ouverture sous
Louis-Philippe!

CÉSARIOT

C'est une vraie dynastie.

CÉSAR *(perplexe)*

Peut-être.

Un temps. Césariot fait quelques pas et regarde autour de lui.

CÉSARIOT

Voilà donc le berceau de ma race, en somme, l'asile héréditaire. Ce zinc est l'autel de ma famille, et ces bouteilles d'apéritif sont mes dieux Lares. C'est comique.

Il éclate de rire.

CÉSAR

L'instruction t'a peut-être embelli le cerveau, mais elle t'a gâté le cœur.

CÉSARIOT

Pourquoi dis-tu ça?

CÉSAR

Parce que cet accès de ricanement m'a profondément blessé. Je n'ai même pas la force de crier.

CÉSARIOT

Ce n'est pas de toi que je ris... C'est de moi! Allons, parrain... Si je t'ai fait de la peine, je le regrette...

CÉSAR

Ce n'est pas à ton parrain que tu fais de la peine.
C'est à ton grand-père.

CÉSARIOT

Eh bien, je le regrette, grand-père.

CÉSAR

Voilà une bonne parole. Et maintenant, qu'est-ce
que tu comptes faire?

CÉSARIOT

Je compte aller dormir, parce que demain, je vais
chasser à Pichauris, Gaston vient me chercher à cinq
heures.

CÉSAR

Je veux dire : qu'est-ce que tu comptes faire à
propos de Marius? Tu n'as pas la curiosité de le voir,
même de loin?

CÉSARIOT

Pas le moins du monde.

CÉSAR

Tu ne veux pas que je te montre ses photographies, quand il avait ton âge?

CÉSARIOT

A quoi bon?

CÉSAR

Plus tard, peut-être?

CÉSARIOT

Pourquoi?

CÉSAR

C'est tout de même ton père?

CÉSARIOT

Physiologiquement, c'est possible.

CÉSAR

Non, ce n'est pas « possible »; c'est certain.

CÉSARIOT

Puisque ma mère me l'a dit, et que tu le confirmes, c'est certain; mais pour moi, je serai toujours, et du fond du cœur, le fils de papa... Bonsoir, grand-père.

CÉSAR

Bonsoir, petit.

Ils se serrent la main. Césariot sort, César reprend son balai et réfléchit.

CÉSAR

Fils de papa, fils à papa, c'est peut-être la même chose...

LA SALLE A MANGER DE FANNY

Il est sept heures du matin.

Césariot prend son petit déjeuner. Près de lui, sur la table, une valise ouverte, dans laquelle Fanny met du linge et des vêtements.

FANNY

C'est bien vrai que tu vas te reposer à Palavas?

CÉSARIOT

Mais oui, c'est bien vrai! J'ai besoin pour quelques jours de me dépayser – d'assimiler – et d'oublier ce que tu m'as dit, et ce que parrain m'a confirmé. Je l'accepte, mais il n'est plus nécessaire d'en parler, ni même d'y penser.

FANNY

Soit. N'en parlons plus. Mais dis-moi sincèrement que tu ne pars pas pour rejoindre cette Mélina qui t'a entortillé l'an dernier. C'est une fille de rien, une intrigante, qui te dira un jour qu'elle est enceinte pour se faire épouser.

CÉSARIOT

Je ne l'ai pas revue depuis l'année dernière. Aucun danger de ce côté-là. Je ne sais même pas où elle est.

FANNY

C'est donc bien vrai que tu vas à Palavas où personne ne t'attend?

CÉSARIOT

Mais si! Quelqu'un m'attend. C'est mon ami Dromard, que tu connais. Tu l'as vu quand tu es venue à Paris. Il a déjeuné avec nous chez Maxim's.

FANNY

Lequel était-ce?

CÉSARIOT

Celui qui a une petite barbe noire frisée. Je puis même te dire qu'il est amoureux de toi.

FANNY

Ne dis pas de bêtises.

CÉSARIOT

Il m'a dit plusieurs fois « Ta mère est ravissante. On dirait ta sœur ».

FANNY

Quelle est son adresse à Palavas?

CÉSARIOT

Villa les Canaris.

FANNY

C'est ridicule; les « Canaris ».

CÉSARIOT

(avec le geste évasif de quelqu'un qui n'y peut rien)
Son père était marchand d'oiseaux.

FANNY

Sa mère est veuve?

CÉSARIOT

Oui.

FANNY *(amère)*

Lui, il ne la laisse pas seule. Il invite ses camarades
chez lui, au lieu d'aller chez eux.

CÉSARIOT

Cette remarque est judicieuse. D'ailleurs, je te
l'amènerai ensuite passer quinze jours ici.

FANNY

Vraiment?

CÉSARIOT

Mais oui, vraiment. Il t'apportera des fleurs, et il
rougira chaque fois que tu lui parleras.

FANNY

Quel est leur numéro de téléphone?

CÉSARIOT

Ça, je n'en sais rien.

FANNY

Appelle-moi dès ton arrivée pour me le dire.

CÉSARIOT *(catégoriquement)*

Non.

FANNY

Pourquoi, non?

CÉSARIOT *(agacé)*

Parce que c'est ridicule. A vingt ans, tu vas me téléphoner tous les matins, comme pour une surveillance policière! Ça fait rire de moi. Laisse-moi un peu libre, voyons, maman! Ne tremble pas toujours comme si j'avais dix ans! Moi je t'appellerai, et je t'écrirai.

FANNY

Ça, c'est gentil.

CÉSARIOT *(il se lève)*

Huit heures... Je vais faire ma toilette, et à Dieu-vat!

TERRASSE DU BAR

Il est huit heures du matin. Escartefigue, César et le docteur boivent un petit coup de vin blanc. Sur le guéridon voisin, des croissants et un service à café attendent M. Brun, qui arrive.

CÉSAR *(solennel)*

Monsieur Escartefigue, lorsque vous dites des choses pareilles, vous battez tous les records de stupidité; c'est-à-dire que vous serrez sur votre cœur les bornes du couillonnisme, et que vous courez à toute vitesse pour les transporter plus loin, afin d'agrandir votre domaine.

M. BRUN
(qui est arrivé pendant la tirade et qui est debout)

Cette déclaration a le mérite de la clarté.

ESCARTEFIGUE *(navré)*

César, j'ai le regret de constater que tu m'exécutes sans jugement. Voyons, Monsieur Brun...

CÉSAR

M. Brun est de mon avis.

M. BRUN

Probablement, mais j'ignore de quoi vous parlez.

CÉSAR

Monsieur Brun, asseyez-vous. Mon petit Césariot part ce matin, c'est-à-dire dans quelques minutes, avec ce vaurien de petit chauffeur, sur le bateau de sa mère, bateau que nous voyons d'ici. Le petit Césariot a révélé le but de ce voyage : une visite à un ami. Eh bien, selon moi, cet ami est une ami-ye.

ESCARTEFIGUE *(à M. Brun)*

Et je prétends que, si le jeune homme a dit qu'il

allait voir un ami-i, il n'y a pas de raison de croire qu'il va voir une amie-ye. Pour quelle raison ne pas le croire?

CÉSAR

Parce que par pudeur, il ment. Je te l'ai déjà dit, mais c'est un mot qui t'échappe. La pudeur, c'est un sentiment délicat et nuancé, un sentiment très fin, très joli. La Pudeur, c'est tout le contraire de l'Escartefiguerie. Moi, par exemple, c'est par pudeur que je vous cache un secret qui est peut-être la cause du départ de mon Césariot. *(Avec force)* Ce secret, je ne peux pas vous le dire. *(Avec moins de force)* Enfin, je ne peux pas vous le dire à la terrasse...

ESCARTEFIGUE

Rentrons alors...

CÉSAR *(digne)*

Je ne peux pas vous le dire à tous à la fois, et si vite que ça. Parce qu'un secret, ce n'est pas quelque chose qui ne se raconte pas. Mais c'est une chose qu'on se raconte à voix basse, et séparément. *(A voix basse)* Enfin, sachez seulement que Césariot a appris quelque chose qui l'a beaucoup ému... Un grand secret qu'il ignorait...

LE DOCTEUR

Et que nous savons tous...

M. BRUN

Depuis vingt ans...

CÉSAR *(qui enchaîne)*

Depuis vingt ans. Et qu'alors il est naturel que cet enfant aille passer huit jours auprès de son ami-ye, pour se sortir un peu d'ici, et peut-être même pour lui raconter cette romanesque aventure.

ESCARTEFIGUE

Et pourquoi n'irait-il pas plutôt se confier à un ami-i?

CÉSAR

Parce que c'est plus joli que ça soit une jeune fille, une amoureuse. C'est son droit le plus légitime, et de plus, ça me fait plaisir!

M. BRUN

Et parce que ça vous fait plaisir, vous exigez que ce soit vrai.

CÉSAR

Naturellement.

ESCARTEFIGUE

Au fond, tu as peur qu'il soit puceau. *Virgin*

CÉSAR

Félix, tu es un grossier, mais tu as raison. J'ai peur de ce que tu dis : ça me... désobligerait.

LE DOCTEUR

Et non seulement ça te désobligerait, mais encore il aurait des boutons.

SUR LE QUAI
DEVANT LE MAGASIN

Le bateau au bord du quai. C'est un magnifique canot automobile, presque un yacht. Il est repeint à neuf et à l'arrière, en lettres d'or, on voit son nom : FANNY. Le chauffeur, qui constitue l'équipage, astique les cuivres avec un chiffon. Fanny traverse le quai, et lui tend une petite valise.

FANNY

Tiens, mauvaise graine.

LE CHAUFFEUR

Merci, belle plante.

FANNY

Dis donc, insolent...

LE CHAUFFEUR

Allez, Madame Fanny « Belle Plante », ça ne veut pas dire du mal. Au contraire, c'est un sentiment d'admiration qui me l'a fait trouver tout d'un coup. Et le capitaine, il est prêt?

FANNY

Oui, il est allé embrasser sa grand-mère, et il arrive tout de suite. Tout est paré?

LE CHAUFFEUR

Oui, madame Fanny. J'ai tout astiqué, tout nettoyé, tout raclé... J'ai même fait les cuivres. Jamais notre « Fanny » n'a été plus belle. Sauf votre respect, elle est presque aussi propre que vous. Il ne lui manque qu'un bon coup de manivelle au point sensible, et hop! A toute vapeur!

Elle s'assoit dans le bateau.

FANNY

Tu sais où vous allez?

LE CHAUFFEUR

Vers l'Ouest. Nous mettons le cap sur l'Ouest, vers les Amériques.

FANNY

Oui, mais pour quel port?

LE CHAUFFEUR *(catégorique)*

Ça, je l'ignore.

FANNY

Tu le sais, mais tu ne veux pas me le dire.

LE CHAUFFEUR *(avec un immense désespoir)*

Madame Fanny, si je sais où nous allons, que le Bon Dieu m'écrase à l'instant, et me fasse perdre la vue. Plutôt que de vous mentir, je préférerais recommencer toute la guerre!

FANNY

Surtout que tu ne l'as pas faite.

LE CHAUFFEUR

Non, je ne l'ai pas faite, j'avais treize ans. Mais c'est une façon de parler. *(Avec une véhémence farouche)* Madame Fanny, sur la tombe de mes parents, sur tout ce que j'ai de plus cher au monde, je vous JURE que je ne sais pas où nous allons. Vous me croyez?

FANNY

Oui, je te crois.

LE CHAUFFEUR

Eh bien vous avez tort. Nous allons à Palavas-les-Flots, chez un ami de Césariot.

FANNY

Alors, pourquoi mens-tu?

LE CHAUFFEUR *(béat)*

Pour rien, pour le plaisir.

FANNY

Et tu n'as pas honte de faire des faux serments sur la tombe de tes parents?

LE CHAUFFEUR *(philosophe)*

Eh peuchère, ils sont morts, qu'est-ce qu'il peut leur arriver de pire? Nous allons à Palavas.

FANNY

Tu en es sûr?

LE CHAUFFEUR

Madame Fanny, que le tonnerre me disperse, que ma pipe m'empoisonne, que je perde mes illusions...

FANNY

Ne te fatigue pas. Voilà ce que tu vas faire. Tous les deux jours tu me téléphoneras.

LE CHAUFFEUR

Bon...

FANNY

Tu me donneras des nouvelles de mon fils... Je ne le lui ai pas demandé à lui, pour ne pas le déranger pendant ses vacances, tu me comprends?

LE CHAUFFEUR

Oui, je vous comprends. Ce n'est même pas la peine de lui dire que je vous téléphone.

FANNY

Non, ce n'est pas la peine. Tu me diras ce qu'il fait. Je ne peux pas l'accompagner à cause du magasin. Grâce à toi, je serai un peu avec lui.

LE CHAUFFEUR

Parfaitement, madame Fanny, je vous dirai les gens qu'il voit... Les parties de pêche... Et si je le vois avec de jolies femmes, il faudra vous le dire aussi?

Bien entendu. Tu sais, il est encore très jeune. Est-ce que tu connais Mélina?

LE CHAUFFEUR

Celle de l'année dernière?

FANNY

Oui. Si tu la vois dans les environs, préviens-moi tout de suite.

LE CHAUFFEUR

Ça, vous pouvez y compter! Je la connais! C'est une pute, qui cherche un bastardon!

FANNY

Exactement! Dis-le à Césariot! Et si tu la vois à Palavas, préviens-moi tout de suite!

LE CHAUFFEUR

Comptez sur moi. Attention, le voilà!

En effet, Césariot, en costume de sport, traverse le quai.

Par un fondu enchaîné, le bateau se trouve en mer.

A BORD DU BATEAU

Césariot tient la barre; il pique droit vers la côte, et entre dans une petite calanque, près des Martigues. Il n'y a personne.

LE CHAUFFEUR

C'est ici?

CÉSARIOT

Non, ce n'est pas ici, mais j'ai quelque chose à faire.

Il échoue le bateau sur la petite plage, puis il quitte ses chaussures.

LE CHAUFFEUR

Tu veux prendre un bain?

CÉSARIOT

Pas du tout.

Il ouvre la boîte à outils, y prend une plaque émaillée, sur laquelle on lit « LE PESCADOU ».

LE CHAUFFEUR

Qu'est-ce que tu veux faire?

CÉSARIOT

On va dévisser la plaque du bateau, et à la place, on mettra celle-là.

LE CHAUFFEUR *(il prend la plaque)*

« LE PESCADOU ». C'est un joli nom. Tu le débaptises?

CÉSARIOT

Provisoire. On remettra l'autre pour rentrer.

Il saute à l'eau, un tournevis à la main, et commence à dévisser la plaque qui porte le nom de Fanny.

LE CHAUFFEUR

Je ne suis pas curieux, et je ne pose jamais de question à personne, mais je voudrais bien savoir ce que nous allons faire.

CÉSARIOT

Parlons d'abord de ce que tu vas faire.

LE CHAUFFEUR

Moi?

CÉSARIOT

Oui, toi.

LE CHAUFFEUR

Pas la même chose que toi?

CÉSARIOT

Non. Toi, je vais te déposer à Palavas.

LE CHAUFFEUR

Tu me débarques?

CÉSARIOT

Pour huit jours. Tu iras chez M. Dromard, Villa « Les Canaris », et tu lui remettras cette lettre.

LE CHAUFFEUR

Et où ils perchent, ces canaris?

CÉSARIOT

J'en sais rien; l'adresse est sur l'enveloppe. Tu n'auras qu'à la montrer au premier passant. Tu as compris?

LE CHAUFFEUR

Oui. Et puis?

CÉSARIOT

Et puis voilà deux lettres pour ma mère. Tu les mettras à la poste au bureau de Palavas. Pas tout de suite, bien entendu. La première, demain.

LE CHAUFFEUR

Laquelle c'est?

CÉSARIOT

Celle où j'ai souligné Marseille.

LE CHAUFFEUR

Bon. Et la seconde?

CÉSARIOT

Quand je te téléphonerai.

LE CHAUFFEUR

Et où tu me téléphoneras?

CÉSARIOT

A l'hôtel des Palmiers, où tu vas descendre. C'est un petit hôtel, sur le quai du Port. Voilà huit cents francs.

LE CHAUFFEUR

Ecoute : j'aime mieux te dire tout de suite que ta mère m'a chargé de te surveiller et de lui téléphoner mon espionnage.

CÉSARIOT

C'est prévu. J'ai préparé tes réponses. En voilà trois, numérotées. Tu n'auras qu'à les étudier à l'avance, parce que j'ai prévu ses questions.

LE CHAUFFEUR

Elle s'imagine que tu vas passer quelques jours avec une poule, avec Mélina. Moi aussi, je me l'imagine parce que tu me fais des mystères.

CÉSARIOT

Non, rassure-toi, ce n'est pas Mélina.

LE CHAUFFEUR

Elle est belle?

CÉSARIOT

Sublime.

LE CHAUFFEUR

Tu me la feras voir?

CÉSARIOT

Jamais!

LE CHAUFFEUR

Je veux dire en photographie.

CÉSARIOT

Peut-être un jour. Plus tard... Je reviens te prendre dans trois ou quatre jours. Peut-être un peu plus.

LE CHAUFFEUR

Reste aussi longtemps que tu pourras. Ne t'en fais pas pour moi. Dans cet hôtel, il doit y avoir du personnel féminin?

CÉSARIOT

Cinq ou six femmes de chambre.

LE CHAUFFEUR

Il y a de quoi faire. Et puis, est-ce que c'est un hôtel où on vous cire les souliers pendant la nuit?

CÉSARIOT

Naturellement.

LE CHAUFFEUR

Oh, nom de Dieu! Si j'avais su, j'en aurais apporté.

Tu n'as pas de souliers?

LE CHAUFFEUR

Non. J'ai un chic costume de mécanicien, mais pas de souliers. Les pieds nus, ça fait plus maritime. C'est vrai que je peux en acheter, puisque tu m'as donné une fortune!

Un fondu enchaîné, et voilà le bateau à quai dans le petit port de Palavas. Le chauffeur a bondi sur le quai. Il a mis un veston, mais il est pieds nus. Le bateau s'éloigne du quai en marche arrière.

LE CHAUFFEUR *(il crie)*

Quand tu t'arrêteras, n'oublie pas de fermer l'essence. Nous avons un carburateur qui ne se sent pas pisser!

Le bateau sort du port, et repart vers l'est.

SUR UNE ROUTE

Des villas blanches sous des pinèdes. Le chauffeur marche, un papier à la main, le long de haies de lauriers roses. Il s'arrête devant une villa : « Les Canaris ». Il sonne. Il attend. Un vieux jardinier vient lui parler à travers la grille.

LE CHAUFFEUR

Bonjour Monsieur. Est-ce que M. Dromard est là?

LE JARDINIER

Lequel vous voulez dire? Le jeune ou le vieux?

LE CHAUFFEUR

Le jeune.

LE JARDINIER

Ils sont partis tous les deux. Et la dame? Vous voudriez la voir, la dame?

LE CHAUFFEUR

Oui, si ça ne la dérange pas.

LE JARDINIER

Ça risque pas de la déranger : Elle est partie aussi. Il ne reste que le chien, moi et les canaris.

LE CHAUFFEUR

Ils reviennent quand?

LE JARDINIER

Ils sont à un mariage chez le beau-frère, à Valence. Quand ils reviendront ça je peux pas vous le dire. Dans huit jours, dans quinze jours.

LE CHAUFFEUR

Ça, c'est peut-être une catastrophe.

LE JARDINIER

Pour qui?

LE CHAUFFEUR

Pour moi.

LE JARDINIER

Alors, je m'en fous complètement.

Il lui tourne le dos et s'éloigne.

LE CHAUFFEUR *(farouche)*

C'est en venant vieux que vous êtes venu couillon ou c'est de naissance?

Le jardinier ne se retourne pas. Le chauffeur hausse les épaules et s'en va.

DANS UNE RUE DE TOULON

Césariot s'avance. Il regarde la plaque bleue de la rue, puis il cherche un numéro. Il arrive devant le garage, il entre. Il s'avance vers Ficelle.

CÉSARIOT

Bonjour. Le garage de M. Olivier, c'est ici?

Oui monsieur.

CÉSARIOT

M. Olivier n'est pas là?

FICELLE

Là, sous la voiture; les deux pieds qui dépassent.

Césariot va vers ces deux pieds, chaussés d'honnêtes pantoufles de mécanicien. Il se baisse et il parle.

CÉSARIOT

Monsieur Marius Olivier, s'il vous plaît?

MARIUS *(sous la voiture)*

C'est moi-même. Qu'est-ce qu'il y a pour votre service?

CÉSARIOT

Monsieur, j'ai un canot automobile dans le port et mon moteur est en panne... Une espèce de pêcheur-matelot-joueur de boules, sur le quai, m'a dit de m'adresser à vous.

MARIUS

C'est bien gentil de sa part, mais je ne sais pas si je peux y faire grand-chose. Je m'occupe surtout de voitures, n'est-ce pas. Je n'ai pas fait d'études spéciales. Alors, si c'est un Diesel...

118

CÉSARIOT

Ce n'est pas un Diesel... C'est un Baudoin.

MARIUS

Ah! les Baudoin, je les connais un peu. *(Marius sort péniblement et se relève.)* J'en ai soigné un pendant trois ans. Il était sur le bateau de M. Frère, le président du Tribunal. Vous le connaissez?

CÉSARIOT

Non. Je ne suis pas d'ici.

MARIUS

J'aurais dû le comprendre rien qu'à votre accent. *(Il s'essuie les mains avec un chiffon graisseux.)*

Il faut dire qu'à Toulon, à cause de la flotte, il y a toutes sortes d'accents. Beaucoup de bretons, des provençaux, et des officiers d'un peu partout. C'est pressé, votre affaire?

CÉSARIOT

Pas tout à fait urgent.

MARIUS

Ça peut attendre jusqu'à demain matin?

CÉSARIOT

Oui.

MARIUS

Parce qu'il faudra faire de petits essais, n'est-ce pas. Il vaudrait mieux avoir un peu de temps pour sortir du port. Et puis, il faut que je finisse cette voiture : c'est celle du percepteur. Alors, vous pensez !

CÉSARIOT

Alors, demain matin. A quelle heure ?

MARIUS

A l'heure que vous voudrez... Sept heures, ça vous va ?

CÉSARIOT

Oui, parfaitement. Je suis à l'hôtel Royal.

MARIUS

C'est un des meilleurs. Dites-moi, qu'est-ce qu'il a votre moulin ? Je vous demande ça pour les outils à emporter.

CÉSARIOT

Il tousse, et il cogne.

MARIUS

Ce n'est pas la même chose.

CÉSARIOT

Je crois que c'est une question d'allumage.

MARIUS

S'il n'y a pas d'accident mécanique, c'est très probable. J'apporterai des bougies. Alors, rendez-vous demain à sept heures sur le bateau. Comment il s'appelle ?

« Le Pescadou ». Il a sept mètres. Il est au môle 6.

MARIUS

D'accord. Demain matin, sept heures sur le Pescadou. Maintenant, excusez-moi, mais le percepteur est plus pressé que vous! A demain.

CÉSARIOT

A demain.

Il s'éloigne, pensif.

MARIUS

Il est charmant ce garçon.

FICELLE

Moi, je le trouve un peu fier. *stuck-up*

MARIUS

Naturellement. C'est un Parisien... Ils sont tous comme ça. Mais il est charmant.

LA CHAMBRE DE L'HÔTEL À PALAVAS

Ce n'est pas un palace, mais la chambre provençale est convenablement meublée. Le chauffeur est au téléphone. Il a mis des lunettes, et lit un papier.

Une maritorne de 25 ans qui tient le manche d'un aspirateur muet attend la fin de la communication pour reprendre son travail.

LE CHAUFFEUR

Oui Madame Fanny, c'est comme je vous le dis. Il n'y a pas de femme dans la maison, sauf Mme Dromard, la mère, et une cuisinière de cinquante ans. Le jeune homme est charmant, et il a été content comme tout de voir Césariot. Tout de suite ils se sont mis à faire des problèmes pour s'amuser. Moi, on m'a mis dans un petit hôtel très convenable sur le port. Voilà. Oui, oui, tous très gentils, sauf un vieux jardinier complètement gâteux – mais ça n'a pas d'importance. Enfin, tout ça va très bien. Césariot vous a écrit une lettre que je viens d'aller mettre à la poste. Alors, voilà. D'accord. Bon, alors à demain.

Il raccroche le téléphone et se tourne vers la servante.

LA SERVANTE

Tu as des soucis?

LE CHAUFFEUR

Eh oui. Forcément... Je me demande ce que je vais faire.

LA SERVANTE

Tu le verras bien quand tu le feras... C'est déjà bien assez que les autres vous posent des questions... Moi, je me demande jamais rien.

LE CHAUFFEUR *(il se parle à lui-même)*

Dromard... Dromard n'est plus là...

LA SERVANTE

C'est lui qui doit payer l'hôtel?

LE CHAUFFEUR

Jamais de la vie. Le problème, ce n'est pas ça. Le problème, c'est que mon patron va me téléphoner. Si je lui dis que Dromard est parti, il va peut-être venir me chercher, et mes vacances sont finies. Si je lui dis que Dromard est là, il saura fatalement, un jour, que je lui ai menti. Toi, qu'est-ce que tu en penses?

LA SERVANTE

Rien. Je ne sais même pas de quoi tu parles. Si tu veux que je te réponde, dis-moi quelque chose que je comprenne.

LE CHAUFFEUR

Des choses que tu comprennes, j'en connais pas.

DANS LE PORT DE TOULON

Il est sept heures du matin. Césariot et Marius sont à bord du Pescadou. Marius achève de serrer un écrou, puis il appuie sur un bouton, et le moteur tourne aussitôt.

Et voilà! C'est aussi bête que ça. Un écrou des-
serré, et qui n'en avait pas l'air... On va faire un
tour?

CÉSARIOT

D'accord, et si vous avez un peu de temps, on
pourrait peut-être pêcher une bouillabaisse...

MARIUS

Une bouillabaisse, ce n'est guère possible, mais
une bonne soupe, oui. Vous avez des esques?

CÉSARIOT

Des esques, des piades et des mouredus.

*Il ouvre un petit panier garni de varech. Marius
fouille le varech du bout du doigt.*

MARIUS

Avec des mouredus, on prend n'importe quoi!
Même des rascasses!

CÉSARIOT

Mais il faut connaître les bons endroits.

MARIUS

Pour vous dire la vérité – j'ai pensé qu'en faisant
les essais, on pourrait peut-être poser quelques
lignes, et j'ai apporté mon carnet d'ensignures...

CÉSARIOT

Qu'est-ce que c'est?

Marius tire de sa poche un carnet à couverture de toile cirée, grandement gonflé par l'usage et les cornes.

MARIUS

Ce sont des repères. Pour trouver le poisson, selon la saison, et le temps. *(Il ouvre le carnet et il lit.)* « A la hauteur du phare, par le travers du sémaphore, et juste en face du clocher de Saint-Vincent. Par seize mètres de fond : girelles royales, lazagnes, sarans. Il faut des esques plutôt que des piades. Meilleur en été par calme plat. » C'est ça une ensignure. Et ça ne se dit à personne.

CÉSARIOT

Mais où prend-on ces renseignements?

MARIUS

Par l'expérience. Et puis, on en hérite dans les familles, ou par des amis. Il faut du temps pour faire un carnet comme celui-là. C'est Camille Pipette qui me l'a donné, à son lit de mort! Oui. Un vieil ami. Il était malade; je vais le voir, il me dit « Petit, j'ai bien mauvaise impression, et je crois que je vais y passer. Alors, comme je n'ai que des femelles dans la famille, prends mon carnet d'ensignures. » Je lui dis « Allons, Camille, tu ne vas pas mourir comme ça! » Il me dit « Si je ne meurs pas, tu me le rendras. Prends-le toujours. Comme ça, je sais qu'il est dans de bonnes mains... » Il est mort, le pauvre, et voilà son carnet... On y va?

CÉSARIOT

Allons-y.

Il prend la barre. Il embraye. Le bateau recule, vire, se dirige vers la passe et sort du port.

EN MER

Pendant que le Pescadou fait des essais de moteur à des vitesses diverses, une grosse vedette sort du port, et se dirige paisiblement vers le large, puis se met en croisière.

A trois cents mètres de la côte, le Pescadou a jeté l'ancre. Césariot est assis sur un banc, avec un petit marteau il casse un piadon. Marius assis en face de lui tient le fil de sa palangrotte. A quelque distance, la vedette croise toujours.

MARIUS

Ça m'étonne que vous soyez de Marseille.

CÉSARIOT

Pourquoi?

MARIUS

Parce que vous n'avez pas l'accent.

CÉSARIOT

J'ai été élevé dans les lycées, puis à Paris. Et à

Paris, j'ai travaillé pour corriger mon accent. J'ai même pris des leçons pour le perdre.

MARIUS

Ça par exemple! Et pourquoi vous vouliez le perdre?

CÉSARIOT

Parce qu'au lycée on se moquait de moi. On m'appelait Marius et on me demandait des nouvelles d'Olive.

MARIUS *(charmé)*

Ce qu'ils peuvent être couillons, quand même ces Parisiens! Et vous, dites, vous avez un accent, et vous payez des leçons pour en prendre un autre! *(Il tire brusquement sa ligne.)* En voilà un!

CÉSARIOT *(pendant que Marius remonte sa ligne)*
Gros?

MARIUS

Il n'est pas gros mais il est vaillant. Il tire de tout son cœur! *(Il sort sa prise de l'eau. C'est un joli poisson rougeâtre.)* C'est un saran... Il tiendra bien sa place dans la soupe de ce soir! *(Il change l'appât de sa ligne)*... Et à Marseille, de quel quartier vous êtes?

CÉSARIOT

De la rue Paradis. Au bout, près de Saint-Giniez...

MARIUS *(plein d'admiration)*

Oh! mais dites, un peu plus vous étiez du Prado! Ils faut qu'ils soient riches, vos parents!... D'ailleurs, quand on a un bateau comme celui-là, ça prouve qu'on peut acheter le vinaigre au litre... *(Il regarde la ligne de Césariot.)* Vé, vé, il y en a un qui vous sonne! *(Césariot tire sa palangrotte, Marius le regarde, Césariot tire un beau « roucaou. »)* Une lucrère! N'ayez pas peur, ça ne pique pas; donnez, donnez! *(Marius prend la ligne de Césariot et décroche la lucrère.)* Ça, c'est du beau poisson. *(Il le met dans la corbeille.)*

CÉSARIOT

Et vous, vous êtes de Toulon?

MARIUS

Non; moi, je suis Marseillais. Mon père a un bar au quai de Rive Neuve. C'est même ce qui a fait mon malheur.

CÉSARIOT

Votre malheur n'a pas l'air bien grave...

MARIUS

Quand je dis « mon malheur », c'est que je compare la vie que j'aurais pu avoir avec celle que je me suis faite. Quand j'avais dix-huit ans, à force de voir des bateaux, il m'a pris l'envie de naviguer... Il me semblait que mon bonheur était de l'autre côté de la terre. J'y suis allé, il n'y était pas.

128

Cette vedette a l'air de nous surveiller... C'est un petit garde-côtes?

MARIUS

Non, c'est la vedette de la douane. Et c'est pas nous qu'ils surveillent. Il doit y avoir un yacht au large, chargé de cigarettes américaines de contre-bande et des complices de Toulon vont venir en chercher un chargement, en faisant semblant d'aller à la pêche, puis ils iront les débarquer sur quelque point désert de la côte... *(Brusquement)* Tirez, tirez... Je crois que vous avez un gros morceau!

Césariot tire sur sa ligne. Marius prend une grande épuisette, et surveille l'opération.

DANS LA CHAMBRE DU CHAUFFEUR, À L'HÔTEL

Le chauffeur est au téléphone.

LE CHAUFFEUR

Oui. Oui. Il est parti de bonne heure, à la pêche avec Dromard... Ça je ne sais pas à quelle heure ils vont rentrer.

À BORD DU PESCADOU

Césariot et Marius déjeunent de grand appétit, tout en surveillant leurs lignes, qui sont attachées aux tolets de l'arrière.

MARIUS

Quand j'étais petit, à Marseille, je faisais ça tous les dimanches, avec mon père et un de ses amis, qui s'appelait Maître Panisse... Nous allions du côté du Cap Couronne, près de Carro... Ou alors, si le temps était mauvais, on s'arrêtait à Niolon, ou à Carry... En ce temps-là, il y avait plus de poissons que maintenant...

CÉSARIOT

Maître Panisse, c'était le propriétaire de la voilerie?

MARIUS

Oui. Il avait un beau petit cotre tout blanc, et souvent nous faisions la bouillabaisse à bord. Si vous voulez, ce soir nous porterons le poisson chez Henri. C'est un petit bistrot sur le port qui a un secret pour la bouillabaisse. Il en fait de grands mystères, mais tout le monde le connaît : il parfume le bouillon avec une crème de darnes d'oursins... Vous verrez, c'est formidable... *(Une ligne se tend violemment. Marius la saisit vivement.)* Vé, un suicide! *(Il tire sur la ligne qui résiste.)* Vite, le harpon! C'est un papagalle... Au moment de sortir de l'eau, il va nous casser la ligne!

130

(Césariot prend le trident, et regarde monter le poisson.)

LE MAGASIN DE VOILES

Derrière le long comptoir un vieux commis de bonne humeur plie et roule des toiles. Un jeune homme élégant entre en souriant.

L'EMPLOYÉ
Bonjour Monsieur!

LE JEUNE HOMME
Bonjour monsieur!

L'EMPLOYÉ
Tenez, Monsieur, ne me dites pas ce que vous voulez, je vais vous le dire moi-même.

LE JEUNE HOMME
Vous m'étonneriez beaucoup.

L'EMPLOYÉ
Ce n'est pas que ça soit facile, remarquez bien. Mais quand on a un peu l'habitude des physionomies et l'habitude de ce magasin, on y arrive tout de même. Tenez! vous, par exemple, il est évident que vous ne venez pas acheter cent mètres de câble de cabestan, ni un baril de goudron de calfat. Non,

vous *(il l'examine)*, c'est le canotage. Est-ce pour acheter un canoë, ou seulement une pagaie, ou un tolet? Ça, je n'en sais rien encore. Mais un article de canotage, ça, je le sais. Venez, c'est par ici...

Small boat

Il veut l'emmener vers le magasin voisin.

LE JEUNE HOMME

Ce n'est pas ça du tout. Je viens pour voir votre patron.

L'EMPLOYÉ

C'est pour une plainte? On vous a mal servi?

LE JEUNE HOMME

Pas du tout. Je viens lui dire bonjour en passant. Je suis un camarade de l'école.

L'EMPLOYÉ

Ah! vous êtes de la Polytechnique? J'aurais dû m'en douter, voyez! Mais aussi pourquoi vous ne mettez pas le costume, qui est si beau, si élégant? Moi, si j'avais le droit de porter un costume comme ça, je me déshabillerais jamais, même pas pour dormir... Venez par ici, monsieur...

LA SALLE À MANGER

Fanny écrit, elle pointe des factures. On frappe à la porte.

FANNY

Qu'est-ce que c'est?

L'EMPLOYÉ *(il entre, mystérieux)*

Madame Fanny, c'est un ami de monsieur Césariot. D'après sa physionomie, et son accent, c'est un homme du Nord de la France.

FANNY

Fais-le entrer.

Fanny se lève. L'employé sort, le jeune homme entre. Il salue avec distinction.

LE JEUNE HOMME

Madame...

FANNY

Bonjour, Monsieur... Entrez donc... Les amis de mon fils sont ici chez eux... Asseyez-vous, je vous prie... Césariot n'est malheureusement pas ici depuis quelques jours. Il est en visite chez un camarade... Mais vous me permettez bien de vous offrir quelques cerises à l'eau-de-vie?

LE JEUNE HOMME

Mais bien volontiers, Madame... Avec le plus grand plaisir...

FANNY *(elle met des verres sur la table)*

Vous êtes de la même promotion que mon fils?

LE JEUNE HOMME

Oui, Madame. Nous avons fait nos trois ans côte à côte.

FANNY

Et vous allez sans doute avec lui aux constructions navales?

LE JEUNE HOMME

Non, Madame... J'ai l'intention de faire ma carrière dans l'armée, dans l'artillerie.

FANNY

Vous habitez Paris?

LE JEUNE HOMME

Non, Madame, ma famille est de Valence. Mais je connais fort bien la côte... Nous avons une petite propriété où je viens passer mes vacances depuis toujours. Nous y étions installés ces temps-ci. Mais j'ai dû repartir pour Valence pour le mariage d'un petit cousin... Maintenant, je pars pour une croisière de huit jours en Corse... Alors, en passant par Marseille, j'ai voulu dire bonjour à votre fils... Mais je le verrai à mon retour, dans une semaine...

Vous ne partez au régiment qu'au mois d'octobre?

LE JEUNE HOMME

Oui, Madame. D'ici là, je vais me reposer au bord de la mer. Si vous le permettez, j'inviterai Césariot à passer quelques jours chez nous. C'est si près...

FANNY

Où est-ce exactement?

LE JEUNE HOMME

A Palavas-les-Flots.

FANNY *(brusquement soupçonneuse)*

Ah! Et comment vous appelez-vous?

LE JEUNE HOMME

Dromard, Madame, Pierre Dromard. J'ai d'ailleurs eu l'honneur de vous être présenté... un jour à Paris, l'année dernière.

FANNY *(furieuse, mais calme)*

Oui, oui... En effet... Mais il me semble que vous portiez une barbe noire.

DROMARD

Oui, Madame... Vous me faites beaucoup d'honneur de vous en souvenir, Madame... Je l'ai rasée la semaine dernière, pour cette noce, précisément.

On frappe à la porte. César paraît.

CÉSAR

Bonjour, Monsieur *(à Fanny)* Il a téléphoné?

FANNY *(sarcastique)*

Mieux que ça! J'ai le plaisir de vous présenter
M. Dromard, venant de Valence, qui est de passage
à Marseille.

CÉSAR *(consterné)*

Ayayaïe!

FANNY *(à Dromard)*

Monsieur est le parrain de mon fils!

DROMARD *(se lève)*

Enchanté, Monsieur.

CÉSAR

Et moi, Monsieur Dromard, navré! Navré réelle-
ment.

DROMARD *(stupéfait)*

Mais pourquoi?

CÉSAR

Oh! de rien! de rien! *(Il lui fait des signaux
désespérés.)* Alors, comme ça, vous avez quitté Palavas et vous avez laissé mon filleul chez vous? *(à
Fanny)* Tu comprends, il n'a pas voulu rentrer tout
de suite, il est chez lui...

DROMARD

Où ça, chez moi?

CÉSAR

Mais à votre villa de Palavas, voyons! Vous savez bien que vous l'avez invité à passer dix jours chez vous? Eh bien, il y est en ce moment, et vous le savez très bien.

DROMARD *(bafouillant)*

Je le sais évidemment... Enfin, tout me porte à le croire. Oui, oui, bien entendu! C'est donc ça que la cuisinière m'a téléphoné l'autre jour!... Je n'avais pas très bien compris. *(Il commence à mentir avec enthousiasme.)* Mais c'est ça! Oui, il est chez moi, c'est certain!

FANNY *(brutalement)*

Allons, vous êtes aussi menteur que mon fils, et ce n'est pas peu dire. S'il sont tous comme vous dans la promotion, il y aura quelques jolies batteries de menteurs cette année dans l'artillerie!

CÉSAR *(avec une mauvaise foi désespérée)*

Voyons, Fanny, puisque je t'affirme qu'il y est!

FANNY

Oh! vous, je suis sûr que vous êtes son complice, et que vous savez où il est... Aidez-le à faire ses fredaines, poussez-le vers les femmes et la débauche; il ira loin. *(Méchamment)* D'ailleurs, il a de qui tenir!

Elle sort, elle fait claquer la porte, Dromard reste
médusé; César, un peu gêné, sourit.

CÉSAR

Elle est comme ça, c'est son caractère! Un peu
coléreuse, n'est-ce pas... Il y a des gens qui ont un
tempérament coléreux... Mais il ne faut pas la juger
là-dessus.

La porte s'ouvre, l'employé paraît.

L'EMPLOYÉ

Monsieur César, on vous demande de Palavas,
décrochez l'appareil.

CÉSAR *(il décroche l'appareil)*

Ah! voilà une bonne chose... *(A Dromard)* Nous
allons avoir des nouvelles de Dromard. Allô! Allô!
Oui, c'est César.

Il tend l'autre écouteur à Dromard.

LA CHAMBRE DU CHAUFFEUR

LE CHAUFFEUR
(à l'appareil avec un aplomb merveilleux)

Oui, oui, ça continue très bien... Ce matin, ils sont

allés à la pêche... Ils ont rapporté quatre pagres et un denti...

CÉSAR

Qui c'est qui l'a pêché, ce denti? C'est Dromard, ou Césariot?

LE CHAUFFEUR

Un peu chacun. C'était au palangre, n'est-ce pas. Alors, on ne peut pas dire exactement. Nous avons pris aussi une raie. Enorme. Elle semble un cerf-volant.

CÉSAR

Bravo! Bravo! Dis-moi, ce Dromard... quel genre de type c'est?

LE CHAUFFEUR

Charmant, instruit, et bien élevé. Moi, il me plaît beaucoup! Et je dois vous dire que j'ai l'air de lui plaire aussi. Ce matin, il m'a donné dix francs. Un garçon vraiment bien.

CÉSAR

En ce moment, où sont-ils?

LE CHAUFFEUR

Au jeu de boules. Je les vois d'ici.

CÉSAR

Comment fais-tu pour les voir?

Ben, je regarde, et je les vois par la fenêtre... Ils ont l'air de bien s'amuser... Tenez, Dromard va tirer... Oui, c'est bien lui... Oh! il a fait un palet sur place! Si j'avais tourné le téléphone de ce côté, vous auriez entendu le carreau!

EN MER, PRÈS DE LA CÔTE, À BORD DU CANOT

CÉSARIOT

Elle ne vous aimait pas?

MARIUS

Oh que si! Seulement, il y avait l'honneur du nom, le respect humain, enfin différentes couillonnades... Ce qui fait que mon fils, je ne le connais pas, et c'est le mari qui l'a élevé.

CÉSARIOT

Et vous en avez eu de la peine!

MARIUS

Un peu, mais pas énormément. On m'a prouvé que le vrai père, ce n'était pas moi, que c'était celui qui aimait l'enfant.

Est-ce que vous ne l'aimiez pas?

On ne peut pas aimer quelque chose qu'on ne connaît pas. Je l'aurais aimé, certainement... Seulement, c'était l'autre qui payait... Alors, on m'a dit que c'était lui qui l'aimait le plus...

Pourquoi?

Vous savez, aujourd'hui, aimer et payer, c'est la même chose...

MARIUS *(tire sa ligne,*
et en décroche un petit poisson bleuâtre)

Ayayaïe! Voilà le va-t'en!

Qu'est-ce que c'est?

Regardez-le! Quand on pêche ce poisson, ça veut dire que tous les autres sont partis, et que la pêche est finie. Alors, on l'appelle : « le va-t'en »... On ne prendra plus rien dans ce coin-là !

Il commence à remonter la pierre qui leur sert d'ancre.

A MARSEILLE
DEVANT LE BAR DE CÉSAR

Le jeune Dromard est assis à la terrasse, César l'écoute.

DROMARD

Non, non, s'il est avec une femme, ça ne peut pas être avec la jeune fille dont je vous parle.

CÉSAR

Vous savez... Avec les jeunes filles modernes. Si elle est vraiment amoureuse de lui...

DROMARD

Oh! pour ça, oui, elle en est folle. Mais d'une famille très chic, et très riche. C'est Irène Bermond. La fille des liqueurs Bermond.

CÉSAR

Ho ho!... C'est quelque chose, Bermond! On en trouve dans tous les bars de France. C'est cher, mais c'est bon! Elle est sûrement très jolie.

DROMARD

Ravissante. Elle a dix-huit ans, et un château près de Rambouillet...

CÉSAR

Et où l'a-t-il connue?

DROMARD

Au tennis.

CÉSAR *(émerveillé)*

Il joue au tennis?

DROMARD

Oui... Et même il joue très bien.

CÉSAR *(finement)*

Et qui vous dit que la jeune fille n'est pas en vacances sur la côte, du côté d'Agay, ou de Saint-Tropez?

DROMARD

Parce que je viens de la voir à Paris, et que je me suis arrêté ici pour lui donner des nouvelles de la demoiselle. Elle va passer un mois à Blonville, avec sa famille.

CÉSAR *(avec une admiration respectueuse)*

Blonville! Rambouillet!...

DROMARD

Vous connaissez?

CÉSAR

Non, mais ça fait de l'effet. Surtout Rambouillet.

DROMARD

Pourquoi?

CÉSAR

Le Président de la République! Pan! pan! *(Il tue
au vol un faisan imaginaire.)* C'est magnifique. Et
puis Irène, c'est un prénom honnête et sérieux!

DROMARD

Celui qui l'épousera ne sera pas à plaindre.

CÉSAR

Oui, évidemment. *(Tout à coup mélancolique)* Seulement, ce ne sont pas des gens qu'on puisse inviter
au cabanon... Quoique... Peut-être... Comme je suis
un peu de la partie...

DANS LE BATEAU QUI EST À QUAI

*Marius est sur le quai, il attache le filin à la
bitte.*
Un petit garçon arrive en courant.

LE GARÇON

Monsieur Marius! On vous demande au garage!

MARIUS

Qui?

LE GAMIN

Deux messieurs. Ils cherchent des voitures volées, ils regardent les numéros des moteurs... Alors M. Fernand leur a dit que lui n'était pas le directeur, et ces messieurs, je crois bien que c'est la police.

MARIUS

La police?

LE GARÇON

Oui, et alors, ils veulent vous voir.

MARIUS *(inquiet)*

Qu'est-ce que c'est encore que cette histoire?

LE GARÇON

Ils disent qu'il faut absolument que vous veniez.

MARIUS *(à Césariot)*

Je sais d'où ça vient... J'y vais. Alors, à ce soir.

Il s'éloigne avec le garçon. Césariot, perplexe, le regarde partir.

La vedette de la douane vient se mettre à quai à côté du Pescadou, et bord à bord.

L'OFFICIER

Salut Monsieur.

CÉSARIOT

Salut!

L'OFFICIER

C'est pour la visite.

CÉSARIOT

Faites donc, je vous prie.

Un douanier saute à bord du Pescadou, il ouvre les petites soutes, tapote les coussins, plonge son bras sous le gaillard d'avant, puis remonte dans la vedette.

L'OFFICIER

Vous avez les papiers du bord?

CÉSARIOT

Evidemment.

Il prend dans un minuscule tiroir un carnet qu'il tend à l'officier.

L'OFFICIER *(il examine les papiers)*

Ce ne sont pas les papiers de ce bateau. Ce sont ceux du « Fanny ». Celui-ci, c'est le « Pescadou ».

CÉSARIOT

Au fait oui. Vous avez raison. C'est moi qui ai changé la plaque pour venir de Marseille.

L'OFFICIER *(soupçonneux)*

Pourquoi?

CÉSARIOT

Je ne voulais pas être reconnu.

L'OFFICIER

Pourquoi?

CÉSARIOT

Pour une raison très personnelle.

L'OFFICIER

Vous savez que c'est assez grave?

CÉSARIOT

Je ne vois pas pourquoi.

L'OFFICIER

Lorsque vous êtes sorti du port et que vous avez vu notre vedette en surveillance, vous avez fait une série de manœuvres bizarres, qui n'avaient aucun sens. Vous avez brusquement viré de bord, vous avez pris la fuite – et quand vous avez compris que nous pourrions vous rejoindre, vous avez pêché, ou peut-être fait semblant de pêcher. Enfin, quand vous avez vu que nous restions en surveillance, vous êtes rentrés, comme d'honnêtes pêcheurs. Ceci est déjà un peu suspect, et de plus, votre bateau porte un faux nom. Montrez-moi vos papiers personnels s'il vous plaît.

Césariot sort son portefeuille, et lui tend une carte d'identité. L'officier la regarde et paraît surpris.

L'OFFICIER

Vous êtes parent de Maître Panisse, le maître voilier de Marseille?

CÉSARIOT

C'était mon père.

L'OFFICIER

Il est mort?

CÉSARIOT

Il y a deux ans.

L'OFFICIER

Je l'ai connu. J'ai débuté à Marseille, il y a bien longtemps. Il était juge au Tribunal de Commerce. Il n'avait pas quarante ans... C'était un homme remarquable.

CÉSARIOT

Je sais.

L'officier regarde encore une fois les papiers de Césariot.

L'OFFICIER

Et vous sortez de l'Ecole Polytechnique? j'espère qu'il l'a su...

Oui, il l'a su.

L'OFFICIER

Comment se fait-il que vous soyez l'ami de ce garagiste?

CÉSARIOT

L'ami c'est beaucoup dire. Je l'ai vu pour la première fois hier au soir!

L'OFFICIER

Bien, bien.

CÉSARIOT

Pourquoi?

L'OFFICIER

Son associé est un individu plus que suspect, qui fréquente tous les voyous de Toulon, et que la police surveille de près.

CÉSARIOT

Et vous croyez que le garagiste...

L'OFFICIER

Qui s'assemble se ressemble. Ils sont passés tous les deux en correctionnelle, et ils s'en sont tirés tous les deux à bon compte. C'était pour une affaire de contrebande de cigarettes américaines... Or hier au soir, les services nous ont signalé un yacht suspect qui est en croisière au large, où il doit livrer une partie de sa cargaison à des complices déguisés comme d'habitude en paisibles pêcheurs. C'est pourquoi nous vous avons suivis, quand on nous a signalé la présence d'Olivier sur votre bateau. Non, ce n'est pas un criminel, mais entre nous ce n'est pas une fréquentation pour un polytechnicien.

CHEZ HENRI

C'est un petit restaurant à tables de marbre, avec un comptoir de bar derrière lequel se tient un géant qui a une barbe de trois jours : c'est Henri lui-même, qui rince des verres. Il n'y a pour le moment qu'un seul client, qui boit l'apéritif, assis sur la banquette de moleskine, derrière une table du fond. C'est Fernand.

HENRI

Mais qui c'est, ce garçon qui m'a apporté les poissons?

FERNAND

C'est un client de passage qui avait des ennuis avec le moteur de son bateau... Il est allé pêcher ce matin avec Marius.

HENRI

Il est distingué, et il est sympathique.

150

FERNAND

Oui, mais il est bizarre. Cet après-midi, il a pour ainsi dire inspecté le garage, et il m'a posé des tas de questions : sur les cigarettes, sur le maquillage des voitures, sur Marius...

HENRI

Avec la gueule que tu as, il te prend pour un gangster et ça te flatte... Tu n'as pas peur qu'il soit de la police?

FERNAND

Non, à mon idée, ça doit être un journaliste, qui écrit dans les hebdomadaires et peut-être qu'il essaye d'écrire des romans... Alors, j'ai pris des airs mystérieux, et il m'a donné rendez-vous ici à 6 heures pour m'offrir l'apéritif... et alors... Attention, le voilà!

En effet, Césariot pousse le tambour vitré, et entre. Il salue Henri et va s'asseoir en face de Fernand.

CÉSARIOT

M. Olivier n'est pas encore venu?

FERNAND

Non, mais il ne tardera guère. Henri! Tu peux mettre la bouillabaisse au feu.

HENRI

O criminel! Jamais de la vie! Je la ferai pendant que vous mangerez les hors-d'œuvre.

FERNAND

D'accord.

HENRI

Qu'est-ce que vous buvez?

CÉSARIOT

Un peu de porto.

FERNAND

Ici, on peut parler, même devant Henri : c'est un caïd. Alors, cartes sur table.

Arab judge

CÉSARIOT

C'est-à-dire?

FERNAND

Albert, c'est moi, et Bruno, c'est Marius. Ça ne te dit rien?

CÉSARIOT

Ce sont de jolis prénoms.

FERNAND *(à Henri)*

Il se méfie, il a raison. On parle toujours trop. *(A Césariot)* J'ai compris que tu viens de la part du Libanais.

CÉSARIOT

Peut-être. Cause toujours : je t'écoute.

FERNAND

Bon. L'affaire tient toujours?

CÉSARIOT

Probable.

FERNAND

Nous, on est d'accord pour les prix.

CÉSARIOT

Bruno est d'accord?

FERNAND

Naturellement. Alors, on fait comme d'habitude. Les trois colis arriveront à Alger comme convenu; mais il y a deux mineures. Elles ont des papiers en règle, bien entendu. Mais il y en a une qui croit qu'on l'a engagée pour danser; on lui a fait un contrat superbe pour l'Alhambra de Tunis. Il faudra la mettre entre les mains d'un spécialiste pour lui changer un peu les idées...

CÉSARIOT

Naturellement.

FERNAND

Et vous avez été content du dernier envoi?

CÉSARIOT

Ça je ne suis pas au courant. On ne me dit pas tout.

Eh bien on lui a envoyé un lot à se mettre à genoux devant. J'en ai essayé une : formidable! Marius voulait la garder pour lui! Pas vrai, Henri?

HENRI

Ici, à Toulon, avec les officiers, elle pouvait faire une brique par mois!

Deux messieurs, et deux dames, des clients, entrent dans le bistrot. Pendant que le patron s'avance vers eux, et leur montre une table, Fernand regarde fixement Césariot, en dressant son index devant sa bouche. Césariot se lève.

CÉSARIOT

Excusez-moi une minute...

Il sort. Nous le suivons dans la rue. Il prend sa course vers le port.

SUR LE QUAI DE PALAVAS

Le chauffeur, son sac à la main, est assis sur une borne d'amarrage. La servante de l'hôtel est debout devant lui.

LA SERVANTE

Est-ce que tu reviendras?

LE CHAUFFEUR

Ça, j'en sais rien. Il m'a dit qu'il fallait rentrer, et qu'il viendrait me chercher ce matin. On devait rester huit jours. Et puis tout d'un coup... Té, le voilà!

En effet, le bateau fonce vers le petit port, et il accoste. Le chauffeur serre la bonne dans ses bras et saute à bord.

LE CHAUFFEUR

On part tout de suite?

CÉSARIOT

Non, je vais aller déjeuner chez Dromard.

LE CHAUFFEUR

Ça, c'est guère possible.

CÉSARIOT

Tu ne l'as pas averti que j'arrivais?

LE CHAUFFEUR

Non, je ne l'ai pas averti. J'ai pas pu.

CÉSARIOT *(inquiet)*

Je ne comprends pas.

LE CHAUFFEUR

Tu vas comprendre. Ecoute-moi sans te fâcher.

CÉSARIOT

Je soupçonne quelque couillonnade.

LE CHAUFFEUR

Tu n'as peut-être pas tort. Mais moi, au contraire, je soupçonne que j'ai fait quelque chose de très bien et dans l'intérêt de tout le monde. J'ai pris une initiative hardie, mais elle a parfaitement réussi et pour te dire la vérité, j'en suis fier.

Il feint de s'occuper du moteur.

CÉSARIOT *(calme)*

Maintenant, j'ai la certitude d'une couillonnade. *(Il le prend à l'épaule et le relève.)* Allons, explique-toi.

LE CHAUFFEUR

Dromard? Tu sais, Dromard?

CÉSARIOT

Oui. Dromard. Quoi, Dromard?

LE CHAUFFEUR

Pas vu.

CÉSARIOT

Comment, pas vu?

LE CHAUFFEUR

Tu me le ferais voir, que je ne le reconnaîtrais pas. Je n'en ai pas vu un centimètre.

CÉSARIOT

Celle-là est un peu forte.

LE CHAUFFEUR

Oh! elle n'est pas forte du tout. Elle est très simple au contraire. Quand tu m'as laissé ici, je suis allé chez lui. Volets tirés, portes fermées. Il venait de partir pour un mariage à Valence.

CÉSARIOT

Pourquoi ne me l'as-tu pas dit?

LE CHAUFFEUR

Pour ne pas t'inquiéter. Tu étais quelque part, avec une belle petite. Enfin, je le crois. J'étais ici avec une femme ravissante – folle de moi – Je me suis dit : « Si tu dis que Dromard est parti, Césariot va s'affoler, il va rentrer, et adieu les vacances! » Alors je t'ai rien dit. Et j'ai téléphoné tous les jours à ta mère.

CÉSARIOT *(inquiet)*

Qu'est-ce que tu as bien pu lui raconter?

LE CHAUFFEUR

Votre vie chez les Dromard. J'ai inventé...

CÉSARIOT *(de plus en plus inquiet)*

Tu as inventé?

LE CHAUFFEUR *(simplement)*

Oh! tu sais, ce n'était pas difficile : ces parties de cabanon, c'est toujours la même chose.

LA SALLE À MANGER DE PANISSE

Il y a là Claudine, Honorine et Fanny. Ces trois dames cousent ou tricotent. César entre.

CÉSAR

Ils arrivent, ils passent sous le Pharo!

CLAUDINE *(inquiète)*

Mon Dieu! Moi, je me fais du mauvais sang, parce que Fanny va crier...

FANNY

Oh! rassure-toi, je ne crierai pas. Ça n'en vaut pas la peine.

CLAUDINE

Tu dis ça, mais tu as l'air mauvais... Et vous, César, vous allez crier, vous aussi?

CÉSAR

Oh! pas du tout!... Après tout, il va avoir vingt ans. Moi, au contraire je propose qu'on ne lui dise rien du tout. On va le laisser raconter ses vacances, et on lui posera des questions!

On voit le chauffeur, sur le quai, qui arrive avec des valises et nous allons l'attendre dans la salle à manger. Il entre joyeux, l'air dégagé.

LE CHAUFFEUR *(aimable et charmant)*

Bonjour, messieurs et dames! Nous voilà de retour! Mme Fanny, vous avez bien le bonjour de Mme Dromard.

CLAUDINE *(à voix basse)*

Mon Dieu, quel toupet!

FANNY *(elle le gifle à la volée)*

Tiens, voyou! Tu as bien le bonjour que tu mérites!

LE CHAUFFEUR

Oyayaïe! Il y a quelque chose qui ne va pas!

CÉSAR *(il le prend à l'épaule et le secoue)*

Espèce de petit menteur! Tu nous as raconté des mensonges à faire péter le téléphone! Allez, fous le camp! Par ici, que tu ne le préviennes pas... *warn*

Il fait sortir le chauffeur par une porte de côté. Un temps. La grande porte s'ouvre, Césariot paraît.

CÉSARIOT

Bonjour!

CLAUDINE

Bonjour, petit! *(Elle l'embrasse.)* Oh! tu as la peau salée!

CÉSARIOT

Bonjour, maman.

159

Il veut l'embrasser, elle le repousse.

FANNY

Non, ne m'embrasse pas!

CÉSARIOT

Pourquoi?

FANNY

Parce que je n'ai pas envie.

vexed #### CLAUDINE

Elle bisque depuis que tu es parti!

FANNY

Je me demande pourquoi tu es revenu si tôt.

CÉSARIOT

Parce que Dromard à dû partir pour Valence, à cause d'un mariage.

FANNY

C'est bien dommage parce que d'après tes lettres, on s'amusait bien là-bas.

HONORINE

Et Mme Dromard? Elle est gentille?

CÉSARIOT

Charmante.

CLAUDINE

C'est agréable quand même, d'avoir des amis comme ça.

CÉSAR

Et la pêche?

CÉSARIOT *travelline*

Très bonne. Surtout la pêche au palangre... Nous avons eu la chance d'avoir du beau temps.

CÉSAR

Oh... En cette saison, c'est pas étonnant. *(Guille-ret)* Moi, ce que j'aurais voulu voir, c'est ce petit bal masqué.

CÉSARIOT *(surpris et inquiet)*

Où ça?

CÉSAR

Chez Dromard! Le chauffeur nous l'a décrit au téléphone.

CLAUDINE

Tiens, tu as l'air tout surpris. Tu ne voulais pas nous le dire que tu avais fait danser de belles dames!

CÉSARIOT

Pourquoi veux-tu que je vous cache une chose si naturelle?

CÉSAR

Tu avais bien choisi ton costume... Qui est-ce qui t'en avait donné l'idée?

CÉSARIOT
(qui commence à ne plus savoir très bien ce qu'il dit)

Une gravure... Enfin, un dessin...

CLAUDINE

Tu devais être beau comme tout. Pas vrai, Norine?

HONORINE

Oh! il devait être superbe!

FANNY *(nettement)*

En quoi étais-tu déguisé?

CÉSARIOT *(évasif)*

Oh, tu sais, ce n'était pas un vrai déguisement. Enfin je veux dire, ce n'était pas un costume, tu comprends...

CÉSAR *(qui insiste perfidement)*

Oui, mais quand même, EN QUOI étais-tu déguisé?

CÉSARIOT

Eh! bien en... en...

FANNY *(brusquement)*

En menteur.

CÉSARIOT *(déconcerté)*

Qu'est-ce que tu veux dire?

FANNY

Que tu mens, que tu mens lamentablement! Ça m'humilie de voir mon fils patauger dans des inventions aussi stupides.

CÉSARIOT *(qui essaie de faire front)*

Qu'est-ce qui te fait croire?...

FANNY

Dromard est venu avant-hier. Il arrivait de Valence, il partait en croisière. Il s'est arrêté ici pour te dire bonjour.

CÉSARIOT *(amer)*

Une bonne idée qu'il a eue.

CLAUDINE

Tu sais, il l'a pas fait exprès... Tu aurais bien pu le prévenir...

CÉSAR *(qui pouffe de rire)*

On lui a dit que tu étais chez lui.

CÉSARIOT

Il a dû faire une drôle de tête.

FANNY

Oh! il n'était pas plus ridicule que toi en ce moment! Il a d'ailleurs essayé de mentir pour soute-

163

nir ton imposture... Encore un bel hypocrite celui-là.
D'ailleurs, je l'ai mis à la porte en cinq sec.

CÉSARIOT

Je vois ça d'ici.

FANNY *(avec une colère croissante)*

Tu vas me faire le plaisir d'aller voir le docteur cet
après-midi. Et qu'il t'examine sur toutes les coutures.
Et tu vas me donner tout le linge que tu as sur le
dos, pour que je le fasse désinfecter.

CÉSARIOT

Voyons, maman...

FANNY *(avec violence)*

Allons, va te déshabiller.

*Césariot hausse les épaules discrètement et il sort.
Tous se regardent.*

CÉSAR

Fanny, tu as tort de lui faire des scènes pour
rien.

FANNY *(avec violence)*

Vous, laissez-moi élever mon fils comme je l'entends. Vous avez d'autant moins à critiquer que vous
n'avez pas su garder le vôtre.

164

LA CHAMBRE DE CÉSARIOT

Césariot, pensif, allume une cigarette! Fanny entre, referme la porte, et regarde son fils.

FANNY

Pourquoi ces mensonges ridicules?

CÉSARIOT

Tu as raison. Ridicules et inutiles comme mon petit voyage.

FANNY

Où étais-tu?

CÉSARIOT

A Toulon.

(Un temps.)

FANNY

Tu l'as vu?

CÉSARIOT

Oui.

FANNY

Tu lui as parlé?

CÉSARIOT

Oui. Nous sommes allés à la pêche ensemble.

FANNY

Tu lui as dit qui tu étais?

CÉSARIOT

Non. J'aurais aimé le lui dire, mais ce n'était pas possible.

FANNY

Pourquoi?

CÉSARIOT

J'ai eu une grande déception.

FANNY

De quelle sorte?

CÉSARIOT

Ce n'est pas un père dont on puisse être fier.

FANNY *(vivement)*

Et pourquoi? Parce qu'il est garagiste?

CÉSARIOT

Non. C'est une profession aussi honorable qu'une autre. Mais il est associé à une véritable fripouille.

FANNY

Son associé ce n'est pas lui.

CÉSARIOT

Un officier des douanes m'a dit : « Qui s'assemble se ressemble. » D'ailleurs ce matin même, la police perquisitionnait dans son garage à la recherche de voitures volées.

FANNY

Cela peut arriver à tous les garagistes.

CÉSARIOT

Ce qui n'arrive pas à tous les garagistes, c'est de passer en correctionnelle.

FANNY

Marius? En correctionnelle? Il a été condamné?

CÉSARIOT

Probablement. Pas aux travaux forcés, bien entendu; mais enfin, en correctionnelle, on est rarement acquitté. D'ailleurs, il est suspect aux gens de la douane... Comme nous partions pour la pêche, la vedette des douanes nous a suivis, et nous a surveillés toute la matinée, parce qu'il y avait au large un yacht de contrebandiers, et les gabelous pensaient que nous allions en mer nous ravitailler... Lorsque nous sommes revenus au quai, ton ami Marius a été appelé à son garage par la police, et l'officier des douanes est venu avec l'un de ses hommes pour faire la visite en règle du bateau. Eh oui. Mais quand il a vu notre nom, il a été très étonné, parce qu'il a connu papa à Marseille il y a longtemps, et il m'a dit : « Ce ne sont pas des gens à fréquenter. » Voilà.

FANNY

Dans beaucoup de bars, on peut trouver des cigarettes de contrebande. Ton parrain en a vendu souvent sous le nez de M. Brun.

CÉSARIOT

Je l'ignorais.

FANNY

Je te l'apprends.

CÉSARIOT

Malheureusement, ce n'est pas tout. Ils vendent des femmes pour l'exportation.

FANNY

Ce n'est pas vrai.

CÉSARIOT

Je le sais de source sûre. Ils en ont même vendu une qu'il voulait garder pour lui, en disant qu'elle pouvait lui rapporter cinquante mille francs par jour.

FANNY

Qui t'a dit ça?

CÉSARIOT

Son associé dans ce trafic, qui m'a fait l'honneur de me prendre pour l'associé du Libanais.

FANNY

J'aime mieux croire qu'il s'est moqué de toi. Parce que si c'était vrai, ce serait horrible pour moi.

CÉSARIOT

Tu n'es en rien responsable de ton erreur de jeunesse...

168

Au contraire. C'est moi qui l'ai fait partir, en étant sûre qu'il reviendrait bientôt... Je ne savais pas que tu allais naître... J'acceptais de sacrifier un peu de temps à sa folie. Dès qu'il a été parti, j'ai commencé à regretter mon sacrifice. Et puis, le docteur Venelle m'a annoncé ton arrivée... Alors, je me suis affolée... Ma mère sanglotait... Claudine était désespérée... J'ai eu peur, bêtement, des commérages, des plaisanteries des voisins... J'avais dix-huit ans. On disait : « Si ton père vivait encore, il te tuerait... » Pourtant, ce n'était rien, deux ans d'attente, à côté du bonheur de toute une vie... En gâchant la mienne, j'ai aussi gâché la sienne...

CÉSARIOT *(frappé)*

Alors, tu n'as jamais aimé papa?

FANNY

Si! Je l'ai aimé de tendresse, de reconnaissance, d'affection, et il me manque autant qu'à toi. Il a remplacé mon père que j'ai perdu quand j'avais douze ans. Et si je regrette quelque chose, ce n'est pas pour moi, c'est pour l'autre qui s'est peut-être laissé entraîner dans des aventures pitoyables... Si tu l'avais connu quand il avait ton âge, tu comprendrais ce que je te dis... quand nous allions encore au catéchisme, il n'était pas comme les autres. Les autres étaient grossiers, et devant les petites filles, ils disaient de vilains mots, ils faisaient de vilains gestes... Lui, jamais... Il me protégeait contre les taquineries des grands et moi je savais qu'un jour je me marierais avec lui... Et puis, quand j'ai été plus grande, pendant que je vendais mes coquillages à l'éventaire, je l'entendais qui faisait son travail dans le bar. De temps en temps, il sortait, et nous bavardions tous les deux... Et puis souvent, l'après-midi, à la terrasse je m'asseyais, et j'allongeais mes jambes sur une autre chaise. Je mettais mon chapeau de paille sur mes yeux, je faisais semblant de dormir... Lui, il venait tout près de moi, il croisait les bras et me regardait... Et moi, à travers les tout petits trous du chapeau, je le voyais, avec son tablier bleu, ses bras dorés, et sa mèche qui tombait toujours... Chaque fois que je passe devant le bar, j'entends encore claquer mes petits sabots. Enfin ce temps est loin, et ne reviendra pas...

CÉSARIOT

Ma chère maman, tu me fais peur.

FANNY

Pourquoi, hélas?

CÉSARIOT

Précisément, parce que tu dis hélas! J'ai l'impression que tu l'aimes toujours...

FANNY

Je n'aime qu'un souvenir, et ce n'est peut-être que celui de ma jeunesse.

CÉSARIOT

Et de la sienne. Car il me semble que si tu le voyais, tu ne le reconnaîtrais pas... Il ne ressemble

170

guère à la description que tu m'en fais... Il est sympathique, oui; mais assez maigre, et barbouillé de cambouis.

FANNY

Ce qui te prouve qu'il travaille. Si ce n'est qu'une question d'argent, est-ce que nous ne pourrions pas l'aider, sans qu'il le sache?

CÉSARIOT

Non. Parce qu'il le saurait. Et puis, cela servirait à quoi? Tout rapprochement est impossible. D'ailleurs, il n'a pas l'air malheureux... Allons, maman, souviens-toi des dernières paroles de ton mari. Il a souhaité que tu recommences ta vie, mais avec un homme honorable, digne de toi, digne de sa mémoire. Je t'avoue que lorsque j'ai su la vérité sur ma naissance, je me suis demandé s'il n'avait pas pensé à lui, et c'est pour cette raison que j'ai voulu le voir. Je l'ai vu. Ce n'est plus celui que tu as connu. Rien n'est possible. N'en parlons plus.

LA TERRASSE DU BAR

Le chauffeur et Escartefigue sont assis au bord du trottoir. César, songeur, est assis contre le mur. Au milieu du trottoir il y a un chapeau melon. M. Brun arrive. Il regarde le chapeau melon, puis il s'avance.

M. BRUN

Bonjour, messieurs!

CÉSAR

Bonjour, monsieur Brun!

M. BRUN *(montre le chapeau)*

Qu'est-ce que c'est que ça?

LE CHAUFFEUR

Ça, monsieur Brun, c'est un chapeau melon. Quand vous êtes passé à côté, pourquoi vous n'y avez pas donné un grand coup de pied?

M. BRUN

Parce que je n'en ai pas vu la nécessité.

ESCARTEFIGUE

Vous ne l'avez pas vue parce que vous êtes Lyonnais. Un Marseillais, monsieur Brun, s'il voit un chapeau melon sur un trottoir, il ne peut pas se retenir, il shoute.

M. BRUN

Et ensuite, qu'est-ce qu'il se passe?

LE CHAUFFEUR *(confidentiel)*

Ecoutez, monsieur Brun. Sous ce chapeau il y a un pavé. Le premier qui va shouter, de tout sûr il se casse la cheville. Et alors, c'est rigolo. Ça s'appelle le jeu de trompe-couillon.

172

M. BRUN

Ça pourrait s'appeler aussi le jeu de casse-guibolle. Et franchement, tu as bon espoir de casser la cheville à quelqu'un?

LE CHAUFFEUR *(optimiste)*

Oh! A plusieurs!

M. BRUN

C'est saugrenu! *absurd*

CÉSAR

C'est imbécile.

ESCARTEFIGUE

C'est même criminel.

LE CHAUFFEUR

Oui, mais c'est amusant.

M. BRUN

Je ne vois pas ce qu'il peut y avoir de rigolo à estropier les passants! *(un temps)* Vous me faites marcher : il n'y a pas de pavé sous le chapeau.

LE CHAUFFEUR *(simplement)*

Regardez, monsieur Brun. Voyez vous-même.

M. Brun soulève le chapeau. On découvre, en effet, un pavé.

M. BRUN *(stupéfait)*

Mais c'est vrai, ma parole! J'avoue que je ne comprends pas qu'on puisse s'amuser aussi bêtement.

Il remet le chapeau sur le pavé.

CÉSAR

Et aussi dangereusement. Vé, vé, en voilà un qui vient...

Il montre un monsieur qui s'approche.

ESCARTEFIGUE *(à voix basse)*

Celui-là est bon comme la romaine. Catholic

M. BRUN *(intéressé)*

Vous croyez que ça y est? *(A voix basse, il ajoute :)* « Mon Dieu mon Dieu!... »

Le monsieur passe et ne donne pas le moindre coup de pied au chapeau. Déception générale.

CÉSAR *(dégoûté)*

Encore un Lyonnais.

M. BRUN *(plein de remords)*

Le seul fait d'assister à ce jeu grotesque nous rend complices de ce vaurien.

ESCARTEFIGUE

Nous assistons, mais nous désapprouvons.

CÉSAR

Et même nous blâmons, Vé, vé, en voilà un bon!
Je crois que ça va y être...

On voit s'avancer Fernand. Il découvre de loin le
chapeau melon. Il s'arrête, prend son élan et donne un
formidable coup de pied. Tout aussitôt, il se met à
hurler et danse sur un pied, en se tenant l'autre à deux
mains. César, Escartefigue, M. Brun, éclatent de rire.
Le chauffeur se tient les côtes. Fernand vient s'ap-
puyer à une table de la terrasse.

CÉSAR *(compatissant)*

Vous vous êtes fait mal?

FERNAND

Si je savais l'enfant de garce qui m'a fait ce
traquenard... Parfaitement, monsieur, c'est un traquenard!... C'est fait exprès, ça, parfaitement!... Et
avec des souliers de chevreau... *kid*

M. BRUN *(inquiet)*

J'espère que vous n'avez rien de cassé!

FERNAND

De tout sûr, je me suis cassé le baromètre.

M. BRUN

Vous aviez un baromètre?

FERNAND

Oui, dans le soulier : mon cor... J'avais un cor

175

superbe... Sensible et tout... Je savais le temps trois jours à l'avance... *(Il tâte la pointe de son soulier.)* Té, je le trouve plus. Aïe! *(Il prend le verre d'Escartefigue et le boit d'un trait.)* Je vous demande pardon, monsieur, mais c'est un besoin physique! Ça me lance jusqu'à l'épaule. J'en ai le pied fada, pour trois jours!... C'est imbécile de faire des choses comme ça!... C'est criminel!...

M. BRUN

Sans aucun doute...

FERNAND *(brusquement)*

Et si je m'étais cassé la jambe?

CÉSAR

Oh! cassé la jambe!... C'est beaucoup dire!

FERNAND

Mais, monsieur, si le coup de pied est donné vigoureusement, vous ne savez pas qu'on peut se tuer?

M. BRUN *(incrédule)*

Oh! Se tuer, ça non!...

FERNAND

Eh bien monsieur, vous allez voir! *(Au chauffeur)* Petit, remets le chapeau. *(Le chauffeur court remettre le chapeau sur le pavé.)* Vous allez voir ce qui risque d'arriver : une estropiadure pour la vie! Et si nous avons la chance que ça soit un vieillard, vous allez entendre claquer les os! Attendons.

Il s'assoit.
Ils attendent. Arrive, de l'autre côté, Césariot. Il va parler à César.
Soudain, il voit Fernand. Il s'arrête devant lui.

CÉSARIOT

Qu'est-ce que vous faites là, vous?

FERNAND

Voyage d'affaires.

CÉSARIOT

Et vous êtes venu seul?

FERNAND

Je suis assez grand pour voyager seul.

CÉSARIOT

Je ne vous conseille pas de rester ici. Même si c'est votre associé qui vous envoie.

FERNAND

Oh! mais dites, qu'est-ce que je vous ai fait? Pourquoi vous me parlez sur ce ton?

CÉSARIOT

C'est le ton qui convient pour parler à une crapule de votre espèce. *(A César)* Parrain, j'ai deux mots à te dire. Viens, c'est urgent.

Il entraîne César dans le bar. Escartefigue, M. Brun, le chauffeur regardent Fernand avec étonnement.

ESCARTEFIGUE *(scandalisé)*

Oh! mais dites! Comme il vous parle!

FERNAND *(optimiste)*

Oh! il a dit ça en plaisantant!

M. BRUN

Je n'ai pas eu l'impression qu'il s'agissait d'une plaisanterie!

FERNAND

Parce que vous ne le connaissez pas! Moi, je le connais, bien. Il est de Martigues. C'est un journaliste.

ESCARTEFIGUE *(médusé)*

Aquelo empego! Maintenant Césariot est journaliste!

FERNAND

Vous le savez mieux que moi?

ESCARTEFIGUE

Ben, je comprends que je le sais mieux que vous! Je l'ai vu naître! C'est le petit Césariot, le fils de Maître Panisse...

FERNAND

Voyons, voyons... C'est le fils de Maître Panisse, celui des moteurs marins? Celui qui est mort il y a deux ans?

ESCARTEFIGUE

Exactement.

FERNAND

Oh! Sainte Bonne Mère! Mais alors, c'est le fils de Marius?

M. BRUN

Chut!!

ESCARTEFIGUE

De mauvaises langues l'ont dit.

M. BRUN

Et de bons esprits l'ont cru.

FERNAND *(au comble de la tragédie)*

Oh! Malheureux! Désastre! Catastrophe! Messieurs, il s'agit de choses très graves, j'ai peut-être commis un crime! Je fais appel à votre bon cœur, à votre honneur, à votre discrétion! Racontez-moi tout ce que vous savez!

Ils sont tous attablés, les coudes sur un guéridon et la conversation va commencer. Mais nous les quittons sans les entendre, pour passer dans la salle à manger de Panisse.

LA SALLE A MANGER

Fanny dépouille un courrier assez volumineux de lettres et de factures. Césariot entre brusquement.

CÉSARIOT

Maman, il se passe des choses assez graves... Je viens de voir, au bar de la Marine, l'individu tatoué, dont je t'avais parlé...

FANNY

Lequel?

CÉSARIOT

Celui de Marius. Son associé.

FANNY

C'est toi qui m'en parles encore.

CÉSARIOT

Parce que cet individu s'accuse aujourd'hui d'avoir menti. Je voudrais que tu le voies, et que tu l'entendes.

FANNY

Je n'ai jamais eu besoin de l'entendre pour savoir qu'il t'avait menti. ~~lied~~

CÉSARIOT

D'autre part, Marius est ici. Il est venu pour ses

affaires... pour commander des pièces de rechange.
Je sais où il est. Je vais le voir.

FANNY

Pourquoi?

CÉSARIOT *(plein d'autorité)*

Va chez Parrain, et attends-moi.

Il sort.

SUR LE PRADO

*Il y a une très grande vitrine, pleine d'automobiles
neuves et de pièces détachées qui brillent au soleil.
Devant cette vitrine, Césariot attend. Enfin la porte
s'ouvre et Marius paraît. Il referme la porte. Il inscrit
quelque chose sur un carnet. Il lève la tête. Il découvre
Césariot.*

MARIUS *(joyeux)*

Tiens, par exemple! Qu'est-ce que vous faites là?

CÉSARIOT *(gêné)*

Je vous attendais.

MARIUS

Et qui vous a dit...?

CÉSARIOT

Votre associé.

Ils marchent tous les deux, côte à côte, sur le trottoir.

MARIUS

Où est-il?

CÉSARIOT

Chez votre père.

MARIUS

Mais qu'est-ce qu'il va faire chez mon père?

CÉSARIOT

Je n'en sais rien, mais il y est, et sa visite nous a fait grand plaisir.

MARIUS *(étonné)*

Vous connaissez mon père, vous?

CÉSARIOT

Oui; Césariot, c'est moi.

MARIUS

Comment?

CÉSARIOT

Je suis le fils de Fanny.

MARIUS

Mais qu'est-ce que vous dites?

CÉSARIOT *(simplement)*

Je suis votre fils.

Marius le regarde avec stupeur, puis avec un sourire tendre et gêné. Ils marchent côte à côte, et Marius lui prend le bras.

MARIUS

Je voudrais te dire une parole paternelle... Je voudrais trouver des mots nouveaux... Ça ne vient pas...

CÉSARIOT

Moi aussi... je voudrais vous dire des mots de fils. C'est très difficile...

Marius le regarde longuement.

MARIUS

Nous devons avoir l'air bête, tous les deux, sur ce trottoir, à nous dire des choses pareilles. *(Un temps.)* Quand tu es venu à Toulon, tu voulais me voir?

CÉSARIOT

Oui.

MARIUS

Tu le savais, que j'étais ton père?

CÉSARIOT

Oui. Maman venait de me le dire. Alors, j'avais eu
envie de vous connaître... Et puis, on m'a raconté
des choses si graves que je me suis enfui... *escape*

MARIUS

Et tu as répété ces folies à ta mère?

CÉSARIOT

Oui.

MARIUS

Qu'est-ce qu'elle t'a dit?

CÉSARIOT

Elle a eu beaucoup de chagrin. Mais elle ne m'a
pas cru tout à fait...

MARIUS

Pas tout à fait, mais un peu... Où est-ce que nous
allons comme ça?

CÉSARIOT

Chez votre père. Il vous attend. Vous ne voulez
pas venir?

MARIUS *(il se décide)*

Si tu crois qu'il faut y aller, allons-y.

*Ils attendent un taxi, au bord du trottoir. Marius
regarde son fils, et sourit.*

DANS LA CUISINE DU BAR

FERNAND *(désespéré)*

Madame, pas un mot de vrai! C'était une blague stupide! Et d'ailleurs, c'est la faute de votre fils... Il faisait le mystérieux... Il posait des tas de questions... Alors moi, j'ai voulu rigoler un peu, et j'ai inventé tout ça bêtement... Mais pas une syllabe, pas un soupir de vrai!

FANNY

J'en étais sûre!

CÉSAR

Je ne sais pas ce qui me retient de lui coller une paire de gifles!

FERNAND

Mais est-ce que je pouvais savoir à qui je parlais?

La porte s'ouvre. Entre Marius, suivi de Césariot.

MARIUS

Salut la compagnie. *(Il montre du doigt Fernand.)* Voilà le plus grand imbécile du monde...

FERNAND

Ecoute, tu me diras tout ça plus tard. Mais je vois que je suis au milieu d'une scène de famille, et j'aime mieux me retirer.

Il sort. Il y a encore le silence. Marius n'ose pas regarder Fanny, qui ne le quitte pas des yeux.

MARIUS

Je suis venu parce que le garçon m'a demandé de venir, et qu'il faut que je m'explique une bonne fois. Ce que Fernand peut raconter n'a aucune espèce d'importance. Il voudrait se faire passer pour un maquereau redoutable parce qu'il est le plus célèbre cocu du Mourillon, ce qui explique tout... De mon côté, la personne qui vivait avec moi est partie depuis un an avec mes économies. C'est la seule bonne affaire que j'aie faite avec une femme.

CÉSAR

C'est bien fait pour toi. Et dire que c'est à cause d'elle qu'on s'est fâchés!

MARIUS

C'est toi qui t'es fâché. Et puis, qu'est-ce que j'ai fait de malhonnête?

CÉSAR

Un jour, il y a dix ans, un homme est venu au bar... Il était saoul. Il riait tout seul. Il m'a dit « J'ai très bien connu votre fils. Nous avons fait de la prison ensemble ». Il y avait là M. Brun, et Escartefigue. Moi, je n'ai pas eu la force de répondre. Je suis venu pleurer ici, dans ma cuisine.

MARIUS

Comment était-il, cet homme?

CÉSAR

J'ai su son nom : il s'appelait Padovani...

MARIUS *(il rit)*

Il ne t'a pas menti...

FANNY

Marius !

MARIUS

Nous avons fait ensemble quinze jours de prison, mais à la prison MARITIME! C'était quand j'étais aux équipages de la flotte. En rentrant d'une bordée, un dimanche soir, nous avions bousculé un premier maître... Il a fait son chemin, Padovani, depuis dix ans. Il est sous-lieutenant de fusiliers marins. On lui a donné la Légion d'honneur. Et puis, quel autre crime j'ai fait?

CÉSAR *(à mi-voix)*

Ce n'est quand même pas pour rien que tu es passé devant un tribunal.

MARIUS

Tu veux parler des cigarettes américaines?

CÉSAR

Oui, tu en faisais le trafic en gros et tu t'es bêtement laissé prendre.

MARIUS

Non. Pas moi. C'est Fernand, naturellement... il a

eu trois mois avec sursis. Et parce qu'ils en avaient trouvé trois paquets sur mon bureau du garage, j'ai eu cent francs d'amende. C'est tout.

Il regarde César en souriant.

Naturellement, c'est très grave de fumer quelques fois des cigarettes de contrebande. Qu'est-ce que tu en dis, papa?

CÉSAR *(très gêné)*

C'est-à-dire que mon Dieu... Deux paquets, trois paquets... Ça ne méritait pas qu'on dérange un tribunal... Il faut qu'à Toulon, ce soient des sauvages...

MARIUS

Ils sont comme ça... Et un patron de bar qui en aurait cinq ou six paquets sous le comptoir pour faire plaisir à ses clients, on ne l'enverrait peut-être pas aux galères, mais on fermerait sa boutique.

CÉSAR

Un bar n'est pas une boutique. C'est un établissement.

MARIUS

Si tu veux. Et puis, il faut dire que je n'ai pas eu de chance. Comme nous revenions de la pêche, la police me fait appeler. Ils cherchaient une voiture volée, et ils avaient déjà fouillé plusieurs garages

188

quand ils sont venus chez moi : elle y était depuis une semaine, et j'avais remplacé le carburateur. C'était un Italien qui l'avait amenée. J'ai donné son signalement. Alors, ils m'ont demandé de venir à l'hôtel de police, et ils m'ont fait voir une centaine de photographies. Je l'ai reconnu. Ils savaient où il était. Ils sont allés l'arrêter. Il a fallu que j'attende, pour la confrontation. Et pendant ce temps-là, l'imbécile racontait des boniments au garçon, histoire de rire. Il ne lui faut pas grand chose pour rire. Et le petit a pris peur, et il est parti. Le voleur a tout avoué, et le propriétaire de la voiture est venu la chercher. Il me devait 2 000 francs. Il m'en a donné 10 000. Voilà la vérité. Mais ce qui me fait peine, c'est la méchanceté de votre imagination, qui arrange tout contre moi... *(Avec force)* Et d'abord pourquoi ce garçon est venu sans me dire son nom, comme un espion? C'est parce qu'il croyait trouver un individu pas très recommandable.

CÉSARIOT

Je ne savais pas comment je serais reçu, ni qui vous étiez.

MARIUS

Tu croyais que tu allais voir un individu plutôt suspect. *(A César)* Pourquoi ce garçon intelligent a-t-il cru les galéjades imbéciles de Fernand? C'est parce qu'il s'attendait plus ou moins à des révélations de ce genre, et ça me prouve comment vous parliez de moi devant lui...

Jamais! Devant lui, comme devant Honoré, jamais personne n'a parlé de toi...

CÉSARIOT

C'est la vérité. Mais un jour, il y a longtemps, M. Brun a dit à mon parrain : « Alors, et ce Marius? Il paraît qu'il fait des bêtises? » *(A César)* Toi, tu as mis un doigt sur ta bouche, et tu as entraîné M. Brun dans la cuisine, pour ne pas lui répondre devant moi... Et une autre fois, j'ai dit à maman : « Qu'est-ce qu'il fait, le fils de parrain? » Elle a rougi. Elle m'a dit : « Il est marin... Il est très loin, sur la mer... » Et elle a rougi. Et moi, je me demandais qui était ce marin, dont on ne parlait qu'à voix basse et qui ne revenait jamais...

MARIUS

Et pourquoi je ne suis pas revenu dans ma maison? C'est à cause d'Honoré, à cause de ta mère, à cause de toi. Oui. Ma condamnation, la seule, c'est que j'ai été interdit de séjour à Marseille chez moi. Je l'ai acceptée. J'en suis responsable. Pas tout à fait, tout de même. Car si j'avais su que tu allais naître, je ne serais jamais parti. Mais personne ne le savait. Et c'est moi qui ai porté tout le poids de ces bêtises. *(Il se tourne vers César.)* Mais toi, toi, quand tu l'as su, pourquoi as-tu laissé faire ce mariage? Tu le savais bien que je reviendrais... Et que si elle faisait un petit, il aurait notre nom!

César se tait. Puis il fait des gestes évasifs qui ne signifient rien.

CÉSAR *(presque humblement)*

Honoriné sanglotait... *sobbed* Fanny voulait se jeter à la mer. Panisse assurait l'avenir.

MARIUS

Eh oui! C'est ça surtout. Comme des pauvres que vous êtes, vous avez cru qu'il lui fallait des sous, et encore des sous... Et les sous, c'était Panisse qui les avait. *(Il se tourne vers Césariot.)* Quand je suis revenu, tu avais un an. J'ai réclamé la femme et l'enfant. *(Il se tourne vers César et Fanny.)* Au nom de l'enfant, vous m'avez chassé. *(Il se tourne vers Césariot.)* Ils ne m'aimaient plus : tu avais pris ma place, et leur amour pour toi les rendait féroces. J'étais celui qui menaçait la tranquillité du petit. J'étais l'ennemi... Et quand on a peur de quelqu'un, on croit facilement le mal qu'on dit de lui. Vous avez cru que j'étais un bandit, parce que vous aviez besoin de le croire : ça vous enlevait un peu de remords!...

CÉSARIOT

Quels remords pouvaient-ils avoir?

MARIUS

Pendant des années, aux yeux de tous, j'ai passé pour un saligaud. Et eux, ils étaient tous des saints : surtout Panisse, le saint Honoré! Tout le monde s'extasiait, il a donné un nom à l'enfant!... On pourrait dire aussi que j'ai donné un enfant au nom de Panisse... Je ne veux pas dire du mal d'Honoré, c'était un homme simple et bon. Mais, dans cette histoire, quel grand sacrifice a-t-il fait? A cinquante ans, il s'est offert une petite jeune et fraîche. Si vous appelez ça un sacrifice, moi j'en connais beaucoup qui le feraient souvent, et même deux fois par semaine. *(A César)* Toi, tu as été content de me voir partir. Parce que, si j'avais épousé Fanny j'aurais été le chef de famille, et j'aurais eu l'autorité sur le petit. Tandis qu'avec Honoré, tu l'avais belle pour satisfaire ta manie de commander. Et toi, Fanny, toi...

FANNY

Tu vas dire que j'ai été heureuse...

MARIUS

Non, toi, je sais bien que tu n'as pas dû rire tous les soirs, et que tu t'es sacrifiée. Mais enfin, tu es devenue une dame. Les clovisses, tu les ouvres plus, tu les manges... Tu t'es sacrifiée sous les yeux de la bonne et de la nourrice, assise dans un bon fauteuil, auprès d'un bon feu; et chaque jour, devant une table bien servie, tu t'es sacrifiée de bon appétit...

FANNY

Je le sais, Marius... Je me le suis dit bien souvent. Et pourtant, que fallait-il faire? Renoncer aux pauvres avantages de mon malheur?

MARIUS

Non. Tu as bien fait de les accepter. Quand le vin est tiré il faut le boire, surtout s'il est bon. Et ta mère, elle n'a vu que trois choses : l'honneur de la famille, ne plus se lever à cinq heures du matin, et un beau poste de radio. Chacun a eu ses avantages, mais avec un petit remords : alors, vous m'avez fait bien noir, pour vous trouver des excuses. Et s'il y a une victime, c'est moi.

CÉSAR

Tu es une drôle de victime... On ne t'a pas vu depuis dix ans, et tu reviens pour engueuler tout le monde.

MARIUS

Et j'en ai le droit, oui, j'en ai le droit.

CÉSARIOT

Le droit, c'est un bien grand mot.

MARIUS *(vivement)*

Quoi?

CÉSARIOT

Vous parlez de droit, mais il y a aussi des devoirs.

MARIUS

Toi, tais-toi. C'est ton père qui parle, et qui parle pour se défendre.

CÉSAR

Il a un fils depuis cinq minutes, et il l'engueule en pleine figure.

Toi, ça doit te choquer qu'un père parle sur ce ton à son fils?

CÉSARIOT

En ce qui me concerne, vous avez peut-être raison. Mais vous faites des reproches à tout le monde.

MARIUS

Et j'en ai le droit, parce que la solution qu'ils ont choisie était stupide. Vous n'avez pas sauvé l'honneur. On n'a pas dit « la petite Fanny a un enfant sans père ». Mais on a pensé : « La petite Fanny n'a pas perdu le Nord. Elle a fait signer son enfant par un vieux qui avait des sous! » Et le résultat final, nous pouvons le voir aujourd'hui. Mon fils ne s'appelle pas comme moi. Ma femme est veuve quand je suis vivant, et mon père est un pauvre grand-père en cachette. Et de nous quatre, aucun de nous n'a de maison qui soit vraiment sa maison...

CÉSAR

Oui, nous sommes dans un joli pastis... Tu as eu une bonne idée de naviguer. Je m'en rappellerai, de l'océanographique!

Fanny pleure.

MARIUS

Fanny, ne pleure pas... Ça n'y change rien. Je ne suis pas venu pour te faire de la peine... Tu en as eu assez jusqu'à maintenant. Si je t'ai parlé de toutes ces choses, c'est à cause de lui. *(Il montre Césariot.)* Nos petites histoires à nous, ça n'a qu'une valeur relative, puisque nous sommes des parents. Mais il m'a semblé important de lui dire qu'il n'est pas le fils d'un malhonnête homme. *(Il prend Césariot aux épaules.)* Oublie tout ce qu'on a pu te raconter. Tu es assez grand pour juger par toi-même.Tu m'as vu travailler. Tu sais ce que je fais, et que je le fais de mon mieux... Evidemment, je ne suis pas un savant, un INGÉNIEUR. Et lorsque tu m'as fait parler, sur le bateau – car à présent je me rends compte que tu m'as fait parler exprès, comme pour un examen –, je t'ai peut-être dit quelques bêtises sur la théorie des moteurs. Mais pense que quand on a des professeurs, ça va tout seul. Eux, ils ont la science, ils te la communiquent, ils te la donnent toute digérée... Moi, j'ai travaillé tout seul, le soir... Je n'ai peut-être pas beaucoup de science : mais celle que j'ai, on ne me l'a pas donnée : je me la suis prise. Voilà. Maintenant, quand tu auras envie de voir ton père... et peut-être de faire avec lui d'autres parties de pêche, tu sais où je suis : GARAGE MARIUS OLIVIER, 22, Cours de l'Amirauté à Toulon. Mon numéro est dans l'annuaire. Bonjour à tous.

Il va sortir.

FANNY

Où vas-tu?

MARIUS

Chez moi. Enfin, à l'endroit qui me sert de chez moi.

Il sort.

LA TERRASSE DU BAR

Escartefigue, M. Brun, et le chauffeur écoutent Fernand, qui est debout.

FERNAND

Il doit se passer là-dedans une scène à vous bouleverser l'estomac. Je ne sais pas s'ils s'embrassent ou s'ils se battent, mais c'est sûrement l'un ou l'autre!

ESCARTEFIGUE

Moi, ça me fait plaisir ce que vous avez dit de lui. Parce que, le reste, je pouvais pas le croire.

M. BRUN

Voilà Marius.

En effet, Marius sort du bar.

ESCARTEFIGUE

Marius!

MARIUS

Bonjour, monsieur Escartefigue.

ESCARTEFIGUE

Bonjour, mon petit Marius... Dis, tu es un homme à présent... Dites, monsieur Brun, regardez-le!

M. BRUN

Ma foi, je l'aurais fort bien reconnu. Tu n'as pas changé du tout, Marius.

MARIUS

Vous non plus, monsieur Brun.

M. BRUN

Ce début de conversation est d'ailleurs obligatoire, quand on se revoit après quelques années. Il faut dire aussi à Escartefigue qu'il n'a pas changé.

MARIUS

Et c'est la vérité. Il n'a pas changé du tout!

ESCARTEFIGUE

Oh! je le sais! Et ton père non plus n'a pas changé, n'est-ce pas?

MARIUS

Pas beaucoup...

M. BRUN

En somme, rien n'a changé. Et les petits enfants qui nous considèrent comme des vieux, c'est parce qu'ils n'y connaissent rien du tout. Eh bien, en l'honneur de notre inchangeabilité, j'offre une tournée générale. Ce sera des Picons-citrons, si vous n'y voyez pas d'inconvénients...

MARIUS

Excusez-moi, monsieur Brun... Mais ça m'est très difficile de rester... Franchement, monsieur Brun, pas maintenant. Plus tard, peut-être : pas maintenant. Et même, ça vaut mieux que je parte au plus vite. Viens, Fernand. Au revoir à tous.

Fernand se lève et le suit. M. Brun se frotte les mains.

M. BRUN

Dites donc, Escartefigue, vous l'avez entendu comme moi.

ESCARTEFIGUE

Oui, je l'ai entendu. Mais quoi?

M. BRUN

Il a dit : « Plus tard, peut-être ». Moi, je dis « Sûrement ».

Un peu plus tard, dans la soirée. M. Brun, Escartefigue, le Docteur, le chauffeur sont toujours à la terrasse. César, pensif, sort du bar et vient s'asseoir près d'eux.

CÉSAR *(grave)*

Ecoutez-moi bien. Il y a une question que je veux

vous poser. Et une question très grave. *(lentement)* Est-ce que vraiment je suis coléreux?

LE DOCTEUR

Hum...

CÉSAR

Quoi hum?

LE DOCTEUR

Hum... je fais : hum...

CÉSAR *(à Escartefigue)*

Et toi, pourquoi tu ne réponds pas?

ESCARTEFIGUE

Mon cher, je ne suis pas bon juge. Depuis soixante-cinq ans que tu es au monde, tu dois bien savoir ce que tu es...

M. BRUN

Ça, ce n'est pas prouvé.

CÉSAR

On ne sait pas toujours ce qu'on est. Il y en a qui sont cocus, et qui ne le savent pas?

ESCARTEFIGUE *(vexé)*

A moins que leurs amis ne le leur disent dix fois par jour.

CÉSAR *(indigné)*

Dix fois par jour! C'est la première fois que je t'en parle depuis une semaine! Mais réponds à ma question : depuis tout à l'heure je me demande avec angoisse si je n'ai pas commis de graves erreurs, si je n'ai pas été injuste, si je suis pas en somme une vieille bête. Et si tout ça ne viendrait pas d'une tendance maladive à me mettre en colère. Réponds franchement.

ESCARTEFIGUE *(prudent)*

Tu as dit « maladive ». Par conséquent, ça regarde le docteur. Allons, docteur, réponds-lui.

CÉSAR

Et toi, tu ne peux pas me répondre?

ESCARTEFIGUE *(avec finesse)*

Je craindrais de me tromper. *(Il rit.)*

CÉSAR

Et tu ris comme un imbécile! *(Il commence une colère qui va grandir.)* Comment? Un ami de trente ans vient te poser une question grave, une question venue du cœur, et tu réponds par des ricanements!

ESCARTEFIGUE

César!

CÉSAR *(avec une grande violence)*

Qu'est-ce que ça veut dire, ce rire? Ça veut dire que je suis une vieille bourrique, comme, par ton refus de me répondre, tu fais semblant de dire, sans le dire, que je suis coléreux, et que tu as peur de ma colère! Et vous aussi, monsieur Brun. Vous ne répondez rien, mais vous faites semblant d'en penser le double! Quant à « Hum » *(Il montre le docteur)* avec son air supérieur, je me fous de ce qu'il ne dit pas et de sa coqueluche des vieillards! Qu'est-ce que ça veut dire, à la fin? Depuis trente ans vous venez chez moi tous les jours et vous dites que je suis coléreux? Je supporte la stupidité d'Escartefigue, je supporte les lyonnaiseries de M. Brun, je supporte le silence de ce médecin de chèvres, je supporte la présence de ce petit macaque *(Il montre le chauffeur)* qui ne paie jamais ses consommations, et qui, de plus, ne boit jamais rien, et vous dites que je suis coléreux?

M. BRUN *(très calme)*

Non. Il n'est certainement pas coléreux. Et il nous le prouve.

Tous éclatent d'un rire joyeux. César désarçonné les regarde et il change de ton brusquement.

CÉSAR

C'est vrai, au fond, que je suis coléreux. Ou plutôt, je le *parais,* car je ne suis pas du tout en colère.

ESCARTEFIGUE

Dis donc, alors, qu'est-ce qu'il te faut?

CÉSAR

Mais non, Félix, mais non... Vois-tu, je crie, je me lance... comme ça... Parce que ça me fait du bien...

LE DOCTEUR

Ça te fait peut-être du bien. Mais ça fait du mal aux autres. Et puisque tu m'as demandé mon opinion, je vais te la dire : le médecin des chèvres est tout qualifié pour donner une consultation à une vieille bourrique. Tu es un emmerdeur, César, pas autre chose. Très bon dans le fond, et très sensible, mais d'une fréquentation intolérable. Tu vis tout seul, parce que personne ne veut rester avec toi. Tu as fait fuir les garçons, tu as fait fuir les bonnes, tu as fait fuir les clients, tu as même chassé ton fils.

CÉSAR *(touché)*

Est-ce que tu sais pourquoi?

LE DOCTEUR

Je ne veux même pas le savoir : je suis sûr que tu avais tort. A cause de ton caractère, César, tu as fait de la peine à beaucoup de gens... et je connais même un pauvre brave homme que tu as martyrisé.

CÉSAR *(indigné)*

Qui?

LE DOCTEUR

Toi.

César le regarde. Il se lève, troublé. Il leur tourne le dos, il va rentrer dans le bar, et au moment de traverser le rideau bruissant, il se tourne, et il dit sans conviction :

CÉSAR

Oh!... Alors! Si tu fais de la philosophie! Alors...

Il disparaît.

Maintenant il fait nuit. Il est 9 heures et il y a un grand silence sur le port. Seul, dans sa petite cuisine, César dîne sur la toile cirée. Il mange des olives. Il réfléchit. Soudain, il tend l'oreille. Quelqu'un traverse le bar. La porte de la cuisine s'ouvre. Césariot entre, en grand uniforme.

CÉSARIOT

Je pars dans une heure pour Paris. Je suis convoqué pour un stage, et j'ignore si je pourrai revenir avant la rentrée de l'école. Et il est indispensable que j'aie un entretien avec toi, et sans témoin.

CÉSAR

Tu me fais peur.

CÉSARIOT

Pourquoi?

CÉSAR

Tu as peut-être encore appris un secret de famille.

CÉSARIOT *(souriant)*

Peut-être.

CÉSAR

Cette fois-ci, on t'a révélé que je suis ton neveu?

CÉSARIOT

Ça serait charmant, si tu étais mon neveu. Je te donnerais des cerceaux, ou des timbres pour ta collection... Mais ce n'est pas ça du tout.

CÉSAR

Alors, qu'est-ce que c'est?

CÉSARIOT

Je suis un peu gêné pour te le dire.

CÉSAR

Au point où nous en sommes... Ne te gêne pas.

CÉSARIOT

Est-ce que ton fils a l'intention de revenir derrière ton comptoir?

CÉSAR

Malheureusement non. Il m'a même conseillé de vendre ce bar – mon bar – sous prétexte que je suis trop vieux pour continuer tout seul – que jamais un garçon de bar ne voudra rester avec moi – ce qui n'est pas vrai, parce que c'est moi qui ne voudrai jamais, et il me propose d'aller habiter avec lui.

CÉSARIOT

Ça me paraît une très bonne idée, en tout cas, une idée très gentille.

CÉSAR

Oui, mais c'est une idée de fou, une idée de navigateur. Jamais je ne quitterai mon bar. Je veux mourir en composant un Picon-citron, et si c'était permis, je me ferais enterrer sous le comptoir. Toi, tu voudrais que je quitte Marseille.

CÉSARIOT

Tu serais peut-être très heureux à Toulon.

CÉSAR

Il ne s'agit plus de Toulon. Il m'a téléphoné cet après-midi qu'il avait réussi son affaire : il a vendu les parts qu'il avait dans ce garage, et il a acheté un petit chantier naval à Cassis, pour l'entretien et la réparation des moteurs marins.

CÉSARIOT

A Cassis, cela ne me plaît pas beaucoup. Car je prévois qu'il viendra souvent te rendre visite, et pendant les vacances, à Cassis, on le rencontrera tous les jours.

CÉSAR

Et alors?

CÉSARIOT

Eh bien j'ai constaté que sa présence trouble ma mère d'une façon... inquiétante.

CÉSAR

Inquiétante pour qui?

CÉSARIOT

Pour moi.

CÉSAR

Mais ça ne te regarde pas. Ce sont des affaires de grandes personnes.

CÉSARIOT

Je suis malheureusement une grande personne, et j'ai le devoir de veiller sur la mémoire de papa, qui ne doit pas être ridiculisée.

CÉSAR

Un mort n'est jamais ridicule. Si je comprends bien, tu trouverais scandaleux un rapprochement entre ta mère et ton père.

CÉSARIOT

Exactement. Il est trop tard.

CÉSAR

C'est-à-dire que tu estimes que la vie de ta mère est finie. Elle n'a plus qu'à attendre, entre une pile de voiles, un rempart de moteurs et des ancres flottantes, qu'elle soit devenue une petite vieille.

CÉSARIOT

Non. Je pense au contraire qu'un jour, plus tard, elle pourra recommencer sa vie honorablement – par un bon mariage bourgeois comme il convient pour le mariage d'une veuve –. C'était d'ailleurs le souhait de papa, qui me l'a dit sur son lit de mort.

CÉSAR

Bourgeois, voilà ton idéal! Au fond, tu es terrorisé à l'idée que ta mère, élégante et bourgeoise, s'intéresse encore au fils du bistrot. Oui, bistrot, c'est un mot que tu m'as dit, une nuit, dans mon établissement... Alors, parlons un peu de toi. J'espère que tu as de bonnes nouvelles de Mlle Bermond, jeune, ravissante, et riche, qui joue si bien au tennis.

CÉSARIOT

Qui t'en a parlé?

CÉSAR

Le cher Dromard. Il paraît que tu es très bien placé pour l'épouser un jour ou l'autre.

CÉSARIOT

Plutôt l'autre, parce que j'ai encore deux ans d'école... Mais ce n'est pas impossible.

CÉSAR

Selon ton ami, c'est même tout à fait probable.

CÉSARIOT

Il est vrai que ses parents me reçoivent chez eux à Paris...

CÉSAR

Et même peut-être à Rambouillet.

CÉSARIOT

Dromard a la langue bien longue.

CÉSAR

Enfin, toi, tu es décidé?

CÉSARIOT

Elle aussi.

CÉSAR

Eh bien j'ai le plaisir de te dire que son père, qui fournit dix mille bistrots, est dix mille fois plus bistrot que moi.

CÉSARIOT

Ce n'est pas du tout la même chose.

CÉSAR

Tu as raison. Il y a une très grande différence. Le père de la demoiselle, c'est quelqu'un de beaucoup mieux que moi. Ce qui donne le véritable chic à son travail, c'est qu'il le fait faire par les autres, pendant qu'il va chasser avec le Président de la République... Rambouillet, pan! pan! Tandis que moi, mon travail, je l'ai toujours fait moi-même, comme mon père l'a fait, comme ton père l'a fait, et comme tu l'aurais fait toi-même, si Marius n'avait pas été un fou, un fou rêvant, un fou délirant, un fou navigant. Voilà. Remarque bien, si tu épouses la fille du Roi des Bistrots, j'en serai très fier, et il me semble que ça arrangerait tout. Tout à l'heure, tu m'as dit qu'Honoré avait souhaité qu'elle se remarie : moi je sais bien à qui il pensait... Et je le sais, parce qu'il me l'a dit lui-même... Il avait des remords de lui avoir pris sa femme et son fils... Et le jour de sa crise cardiaque, dans l'ambulance, il pouvait à peine parler, il m'a demandé : « Il est marié ton fils? » Je lui ai dit « Non. » Alors il a dit « tant mieux ».

CÉSARIOT

Il t'a dit ça?

CÉSAR

Je te le jure sur la tombe de mon ami.

Un temps. Césariot réfléchit. Puis brusquement il parle.

CÉSARIOT

Quel âge a-t-il, ton Marius?

CÉSAR

Notre Marius, ton père, a exactement deux ans de plus que Fanny, car ils sont nés le même jour : le douze mars.

Un grand temps. Césariot réfléchit.

CÉSARIOT

Tu as raison. C'est à lui qu'il pensait.

CÉSAR

Et puis moi, dans mon bar je vais faire peindre de grands tableaux sur les murs – je changerai toutes les glaces, et tout le mobilier, avec un percolateur et un comptoir comme au café Riche, et ça sera le Café de la Marine!

CÉSARIOT

Tu es trop gentil, parrain.

CÉSAR

Parce que je suis un parrain aussi gentil qu'un grand-père...

CÉSARIOT
(il regarde la montre à son poignet)

Il faut partir.

CÉSAR

A quelle heure ton train?

CÉSARIOT

Minuit juste.

CÉSAR

Malheureux! Tu n'auras jamais le temps de monter jusqu'à la gare!

CÉSARIOT

La voiture et le chauffeur sont là.

CÉSAR

Eh bien je t'accompagne. Nous aurons le temps de parler encore un peu.

Il dénoue son tablier, et prend au portemanteau son veston et son chapeau.

CÉSARIOT

Surtout, ne dis rien à maman de ce que je t'ai dit.

CÉSAR

Pas si bête! Elle serait capable de se sacrifier encore une fois! Allez, zou, viens!

Il le prend aux épaules, l'embrasse sur les deux joues. Ils sortent, et César ferme à clef la petite porte.

LA SALLE À MANGER

Fanny est à son bureau. La servante s'avance.

LA SERVANTE

Madame, c'est M. César.

En effet, César entre comme chez lui.

CÉSAR

Salut Fanny.

FANNY

Bonjour César.

CÉSAR

Je te dérange?

FANNY

Pas du tout.

César fait un pas vers la porte, et appelle « Entre! »
Entre Marius, fort bien vêtu, et souriant. Fanny est
surprise, mais elle s'efforce de le cacher.

MARIUS

Bonjour Fanny...

CÉSAR

Il vient te parler d'affaires. Ton directeur n'est pas
là?

FANNY

Vous savez bien qu'il a eu un petit accident de
voiture.

CÉSAR

Je croyais qu'il avait repris le travail.

FANNY

Il ne rentrera que lundi.

MARIUS

Alors je peux revenir lundi.

CÉSAR

Ça dépend de ce que tu veux lui demander... Elle
sait beaucoup de choses, et c'est elle la patronne...
(A Fanny) Il n'osait pas venir te déranger et il
m'avait téléphoné pour que je te fasse la commission.
C'est moi qui lui ai dit de venir s'expliquer lui-même.

(A Marius) Dis-lui un mot de cette affaire de moteurs...

Le chauffeur paraît à la fenêtre.

LE CHAUFFEUR

O César! Le livreur de Picon est au bar. Il faut lui signer un papier. J'ai compté les bouteilles : il y en a quarante, mais je ne peux pas signer pour vous!

CÉSAR

J'y vais tout de suite... Tâchez de vous arranger, *(à Fanny)* parce que c'est très important pour lui. Je reviens dans dix minutes...

Il sort.

FANNY

Assieds-toi, et dis-moi ce qui t'intéresse.

MARIUS *(ému et presque timide)*

Eh bien voilà. Mon père t'a peut-être dit que j'ai liquidé mon garage de Toulon, et que j'ai acheté un petit chantier naval à Cassis.

FANNY

Je sais.

MARIUS

Naturellement, je ne vais pas construire des bateaux – mais les moteurs marins, c'est ma partie – surtout les Stanton... je les connais bien... Alors, on m'a dit que c'était ta maison qui a la représentation de ces moteurs pour Marseille. Ils n'ont personne à Cassis. Alors, si tu pouvais me recommander à la maison mère peut-être qu'ils me donneraient Cassis, et même La Ciotat. Et moi, ça me poserait devant la clientèle. Est-ce que c'est possible?

FANNY *(elle sourit)*

Ce serait très possible, mais c'est inutile : c'est nous qui avons l'exclusivité sur la côte, pour tout le département. Si ça t'intéresse, c'est d'accord.

MARIUS

Au moins, ça ne te fait rien perdre?

FANNY

Au contraire. Nous avions besoin de quelqu'un qui ait une petite installation. Je vais t'envoyer d'abord deux moteurs, et un stock de pièces de rechange... Et tu t'occuperas aussi de La Ciotat.

MARIUS *(ému)*

Je ne sais pas comment te dire merci.

FANNY

Ce n'est pas la peine, puisque ça nous arrange.

MARIUS

Merci quand même, et de tout mon cœur. Merci pour ça, et pour le reste. Ce que tu as fait pour le garçon. Mon père m'a dit qu'il était reparti pour Paris. C'est vrai qu'il est à l'Ecole Polytechnique?

FANNY

Il n'y est plus. Il en est sorti second.

MARIUS

La plus haute école de France!

FANNY

Et il va encore passer deux ans dans une autre école, parce qu'il veut être ingénieur naval. Ceux qui construisent les bateaux de guerre, les croiseurs, les sous-marins...

MARIUS

Ça, vraiment, c'est merveilleux... Quand je pense au petit comptoir du bar, et à ton éventaire de coquillages... *(Un temps)* Quand il est venu me voir, à Toulon, je me disais « Je connais cette figure... Et surtout, ce sourire... Où est-ce que je l'ai vu? » Mais naturellement, je ne pensais pas à toi... Ça me faisait quelque chose... Une émotion que je ne pouvais pas m'expliquer... Maintenant je sais pourquoi je le trouvais beau : c'est parce qu'il te ressemble.

FANNY *(très émue, change de ton)*

Je pense à une chose : en plus des Stanton, je puis te donner les moteurs hors-bord. Nous avons les Jansen et les Martin-Bernard.

Elle a pris des catalogues, qu'elle ouvre sur le bureau. Elle est toujours assise. Marius va près d'elle, se penche sur les images et parle d'une voix un peu altérée, et il n'entend peut-être pas très bien ce qu'il dit.

MARIUS

Tu sais, les hors-bord, ce n'est pas de vrais moteurs marins. Pour moi, un moteur marin ça commence à cinquante chevaux... Ces hors-bord, c'est des moteurs de vacanciers... Ça tourne trop vite. Et puis, ce sont des deux temps... La compression est trop faible parce qu'elle se fait là, dans le carter. *(Il lui montre un dessin de moteur.)* Et puis alors, il y a la question du pignon d'angle, qui commande l'hélice... C'est pas rationnel – parce que le pignon horizontal, il veut toujours remonter – et le vertical, il veut reculer, ça fait que les dents s'usent très vite...

FANNY

On peut très bien les remplacer, et c'est un bon travail pour toi.

MARIUS

C'est vrai, mais ce n'est pas du travail très intéressant... Ces moteurs c'est trop délicat... Il n'y a pas de soupapes... L'admission et l'échappement, ça se fait par des lumières, qui se bouchent bien facilement... Et puis, surtout, c'est conduit par des amateurs, qui ne sentent pas quand le moteur souffre... Ils les font tourner trop vite... Ils reviennent tous les huit jours pour des réparations et naturellement ils ne sont pas contents. A la deuxième saison, c'est irréparable... Irréparable...

Elle relève la tête, le regarde un instant, et des larmes brillent dans ses yeux.

FANNY

Il n'y a rien d'irréparable, Marius, rien d'irréparable...

Elle se lève, et pose son visage sur son épaule. Il la serre dans ses bras. La face de César paraît, derrière les vitres de la fenêtre. Il recule brusquement, et ferme les volets.

FIN

VIE DE MARCEL PAGNOL

Marcel Pagnol est né le 28 février 1895 à Aubagne.

Son père, Joseph, né en 1869, était instituteur, et sa mère, Augustine Lansot, née en 1873, couturière.

Ils se marièrent en 1889.

1898 : naissance du Petit Paul, son frère.

1902 : naissance de Germaine, sa sœur.

C'est en 1903 que Marcel passe ses premières vacances à La Treille, non loin d'Aubagne.

1904 : son père est nommé à Marseille, où la famille s'installe.

1909 : naissance de René, le « petit frère ».

1910 : décès d'Augustine.

Marcel fera toutes ses études secondaires à Marseille, au lycée Thiers. Il les terminera par une licence ès lettres (anglais) à l'Université d'Aix-en-Provence.

Avec quelques condisciples il a fondé *Fortunio*, revue littéraire qui deviendra *Les Cahiers du Sud*.

En 1915 il est nommé professeur adjoint à Tarascon.

Après avoir enseigné dans divers établissements scolaires à Pamiers puis Aix, il sera professeur adjoint et répétiteur d'externat à Marseille, de 1920 à 1922.

En 1923 il est nommé à Paris au lycée Condorcet.

Il écrit des pièces de théâtre : *Les Marchands de gloire* (avec Paul Nivoix), puis *Jazz* qui sera son premier succès (Monte-Carlo, puis Théâtre des Arts, Paris, 1926).

Mais c'est en 1928 avec la création de *Topaze* (Variétés) qu'il devient célèbre en quelques semaines et commence véritablement sa carrière d'auteur dramatique.

Presque aussitôt ce sera *Marius* (Théâtre de Paris, 1929), autre gros succès pour lequel il a fait, pour la première fois, appel à Raimu qui sera l'inoubliable César de la Trilogie.

Raimu restera jusqu'à sa mort (1946) son ami et comédien préféré.

1931 : Sir Alexander Korda tourne *Marius* en collaboration avec Marcel Pagnol. Pour Marcel Pagnol, ce premier film coïncide avec le début du cinéma parlant et celui de sa longue carrière cinématographique, qui se terminera en 1954 avec *Les Lettres de mon moulin.*

Il aura signé 21 films entre 1931 et 1954.

En 1945 il épouse Jacqueline Bouvier à qui il confiera plusieurs rôles et notamment celui de Manon des sources (1952).

En 1946 il est élu à l'Académie française. La même année, naissance de son fils Frédéric.

En 1955 *Judas* est créé au Théâtre de Paris.

En 1956 *Fabien* aux Bouffes Parisiens.

En 1957 publication des deux premiers tomes des *Souvenirs d'enfance* : *La Gloire de mon père* et *Le Château de ma mère.*

En 1960 : troisième volume des *Souvenirs* : *Le Temps des secrets.*

En 1963 : *L'Eau des collines* composé de *Jean de Florette* et *Manon des sources.*

Enfin en 1964 *Le Masque de fer.*

Le 18 avril 1974 Marcel Pagnol meurt à Paris.

En 1977, publication posthume du quatrième tome des *Souvenirs d'enfance* : *Le Temps des amours.*

BIBLIOGRAPHIE

1926. *Les Marchands de gloire*. En collaboration avec Paul Nivoix, Paris, L'Illustration.

1927. *Jazz*. Pièce en 4 actes, Paris, L'Illustration. Fasquelle, 1954.

1931. *Topaze*. Pièce en 4 actes, Paris, Fasquelle.
Marius. Pièce en 4 actes et 6 tableaux, Paris, Fasquelle.

1932. *Fanny*. Pièce en 3 actes et 4 tableaux, Paris, Fasquelle.
Pirouettes. Paris, Fasquelle (Bibliothèque Charpentier).

1933. *Jofroi*. Film de Marcel Pagnol d'après *Jofroi de la Maussan* de Jean Giono.

1935. *Merlusse*. Texte original préparé pour l'écran, Petite Illustration, Paris, Fasquelle, 1936.

1936. *Cigalon*. Paris, Fasquelle (précédé de *Merlusse*).

1937. *César*. Comédie en deux parties et dix tableaux, Paris, Fasquelle.
Regain. Film de Marcel Pagnol d'après le roman de Jean Giono (Collection « Les films qu'on peut lire »). Paris-Marseille, Marcel Pagnol.

1938. *La Femme du boulanger*. Film de Marcel Pagnol d'après un conte de Jean Giono, « Jean le bleu ». Paris-Marseille, Marcel Pagnol. Fasquelle, 1959.
Le Schpountz. Collection « Les films qu'on peut lire », Paris-Marseille, Marcel Pagnol. Fasquelle, 1959.

1941. *La Fille du puisatier*. Film, Paris, Fasquelle.

1946. *Le Premier Amour*. Paris, Éditions de la Renaissance. Illustrations de Pierre Lafaux.

1946. *Judas*. Pièce en 5 actes, Monte-Carlo, Pastorelly.

1947. *Notes sur le rire*. Paris, Nagel.
Discours de réception à l'Académie française, le 27 mars 1947. Paris, Fasquelle.

1948. *La Belle Meunière*. Scénario et dialogues sur des mélodies de Franz Schubert (Collection « Les maîtres du cinéma »), Paris, Éditions Self.

1949. *Critique des critiques*. Paris, Nagel.

1953. *Angèle*. Paris, Fasquelle.
Manon des Sources. Production de Monte-Carlo.

1954. *Trois lettres de mon moulin*. Adaptation et dialogues du film d'après l'œuvre d'Alphonse Daudet, Paris, Flammarion.

1955. *Judas*. Pièce en 5 actes, Monte-Carlo, Pastorelly.

1956. *Fabien*. Comédie en 4 actes, Paris, Théâtre 2, avenue Matignon.

1957. *Souvenirs d'enfance*. Tome I : La Gloire de mon Père. Tome II : Le Château de ma mère. Monte-Carlo, Pastorelly.

1959. *Discours de réception de Marcel Achard à l'Académie française et réponse de Marcel Pagnol,* 3 décembre 1959, Paris, Firmin Didot.

1960. *Souvenirs d'enfance*. Tome III : Le Temps des secrets. Monte-Carlo, Pastorelly.

1963. *L'Eau des collines*. Tome I : Jean de Florette. Tome II : Manon des Sources, Paris, Editions de Provence.

1964. *Le Masque de fer*. Paris, Editions de Provence.

1970. *La Prière aux étoiles, Catulle, Cinématurgie de Paris, Jofroi, Naïs*. Paris, Œuvres complètes, Club de l'Honnête Homme.

1973. *Le Secret du Masque de fer*. Paris, Editions de Provence.

1977. *Le Rosier de Madame Husson, Les Secrets de Dieu*. Paris, Œuvres complètes, Club de l'Honnête Homme.

1977. *Le Temps des amours*, souvenirs d'enfance, Paris, Julliard.

1981. *Confidences*. Paris, Julliard.

1984. *La Petite Fille aux yeux sombres*. Paris, Julliard.

Les œuvres de Marcel Pagnol sont publiées dans la collection de poche « Fortunio » aux éditions de Fallois.

Traductions

1947. William Shakespeare, *Hamlet*. Traduction et préface de Marcel Pagnol, Paris, Nagel.

1958. Virgile, *Les Bucoliques*. Traduction en vers et notes de Marcel Pagnol, Paris, Grasset.

1970. William Shakespeare, *Le Songe d'une nuit d'été*. Paris, Œuvres complètes, Club de l'Honnête Homme.

FILMOGRAPHIE

1931 – MARIUS (réalisation A. Korda-Pagnol).
1932 – TOPAZE (réalisation Louis Gasnier).
FANNY (réalisation Marc Allegret, supervisé par Marcel Pagnol).
1933 – JOFROI (d'après *Jofroi de la Maussan* : J. Giono).
1934 – ANGÈLE (d'après *Un de Baumugnes* : J. Giono).
1934 – L'ARTICLE 330 (d'après Courteline).
1935 – MERLUSSE.
CIGALON.
1936 – TOPAZE (deuxième version).
CÉSAR.
1937 – REGAIN (d'après J. Giono).
1937-1938 – LE SCHPOUNTZ.
1938 – LA FEMME DU BOULANGER (d'après J. Giono).
1940 – LA FILLE DU PUISATIER.
1941 – LA PRIÈRE AUX ÉTOILES (inachevé).
1945 – NAÏS (adaptation et dialogues d'après E. Zola, réalisation de Raymond Leboursier, supervisé par Marcel Pagnol).
1948 – LA BELLE MEUNIÈRE (couleur Roux Color).
1950 – LE ROSIER DE MADAME HUSSON (adaptation et dialogues d'après Guy de Maupassant, réalisation Jean Boyer).
1950 – TOPAZE (troisième version).
1952 – MANON DES SOURCES.
1953 – CARNAVAL (adaptation et dialogues d'après E. Mazaud, réalisation : Henri Verneuil).
1953-1954 – LES LETTRES DE MON MOULIN (d'après A. Daudet).
1967 – LE CURÉ DE CUCUGNAN (moyen métrage d'après A. Daudet).